ELLA

ES LA

JEFA

Stacy Kravetz

ELLA ES LA JEFA

LA GUÍA PARA LAS CHICAS CREATIVAS Y EMPRENDEDORAS

Planeta

Diseño de portada: Jorge Garnica / Poetry of magic
Diseño de interiores: Fernando Ruiz Zaragoza

Título original: *She's So Boss*

© 2017, Stacy Kravetz

Traducción: Gloria Estela Padilla Sierra

Derechos reservados

© 2018, Editorial Planeta Mexicana, S.A. de C.V.
Bajo el sello editorial PLANETA M.R.
Avenida Presidente Masarik núm. 111, Piso 2
Colonia Polanco V Sección
Delegación Miguel Hidalgo
C.P. 11560, Ciudad de México
www.planetadelibros.com.mx

Primera edición impresa en México: julio de 2018
ISBN: 978-607-07-5125-7

Primera edición en formato epub: julio de 2018
ISBN: 978-607-07-5137-0

Impreso en los talleres de Litográfica Ingramex, S.A. de C.V.
Centeno núm. 162-1, colonia Granjas Esmeralda, Ciudad de México
Impreso y hecho en México - *Printed and made in Mexico*

*A mis hermanas del alma, la generación
del 86 de la Westlake School.*

Agradecimientos

Gracias a las Jefas que abrieron camino y a aquellas que rompen a diario el techo de cristal.

Gracias a las muchas personas que contribuyeron a todos niveles con este libro: Nathaniel Marunas, por creer en este proyecto desde que lo planteé. Amelia Ayrelan Iuvino: gracias por tu paciencia y experiencia. Mejoraste este libro con cada una de tus contribuciones como editora. Sharyn Rosart y Lynne Yeamans, por sus habilidades para el diseño y su ingenio. Adrienne Becker, modelo a seguir de lo que es ser una líder fantástica y fiel camarada. Estoy en deuda con Niharika Bedekar, Chental-Song Bembry, Deepika Bodapati, Juliette Brindak Blake, Alexandra Douwes, The Fe Maidens, Debbie Fung, Allyson Greenfield, Priscilla Guo, Gabrielle Jordan, Neeka Mashouf, Nellie Morris, Naama Raz-Yaseef y Chelsea Siler.

Jesse y Oliver: gracias por su paciencia. El siguiente libro será para los varones. Y a Jay, gracias por escucharme y siempre darme tu apoyo.

Índice

Prólogo

Jackie Emerson

Soy Jackie. Soy actriz, soy cantante, soy estudiante, soy creadora, soy empresaria y estoy labrando mi propio camino. Uso calcetines de Gryffindor. Me gustan los sombreros raros. Estoy en el equipo de improvisación de mi escuela (lo cual significa que me pongo en vergüenza casi todo el tiempo). Bailo como loca en los coches. Canto dondequiera que voy. Y quiero cambiar al mundo.

También me siento muy insegura. Superé un terrible miedo escénico. He luchado con trastornos alimentarios y sigo luchando con mi imagen corporal. Solía preocuparme que mis amigos hablaran a mis espaldas. En una universidad que atrae a estudiantes brillantes de todo el mundo, a menudo siento que no soy lo suficientemente inteligente. A veces me siento muy sola.

Con el tiempo me he dado cuenta de que estas cosas que se supone son debilidades, imperfecciones y vulnerabilidades de hecho me hacen más fuerte, porque me convierten en la persona que soy y finalmente he llegado a un punto en el que —la mayor parte del tiempo— eso no me asusta. Hay días en los que me siento mucho más cómoda conmigo misma que con los demás, pero también reconozco que los altibajos forman parte del viaje.

No me había dado cuenta de que tenía un trastorno alimentario hasta que me subí a un escenario frente a 300 personas y empecé a hablar de lo que significa tener una imagen corporal sana. Estaba usando expresiones de moda como «confianza en uno mismo» y «empoderamiento» cuando un miembro del público me hizo una pregunta sobre mis prácticas diarias de amor hacia mí misma, y entonces me percaté, con dolor de que en realidad no me amaba a mí misma, por lo menos no en un sentido físico.

Empecé a sincerarme ante estos desconocidos y a contarles acerca de mi propia experiencia, mi propio viaje con mi cuerpo y con la comida, con mi familia y con los medios de comunicación. Comencé a llorar. Para mi sorpresa, una chica del público se puso de pie y empezó a contar su propia historia. Luego lo hizo otra más. Este coloquio sobre la imagen corporal sana se convirtió en una especie de sesión de terapia grupal y nunca he sentido tanto amor, apoyo y solidaridad como la que sentí en aquella sala.

Después de esa experiencia, empecé a dar esta charla en muchos sitios diferentes, en convenciones y escuelas. Inicié una serie por internet titulada «Let's Get Real» («Seamos francos»), que es un foro que discute abiertamente algunos de los problemas más difíciles que enfrentamos, incluyendo salud mental, imagen corporal, orientación sexual, ciberacoso y cualquier otra cosa que los participantes quieran discutir. Aunque quizá no sea mi trabajo más visto según los estándares comerciales, es una de las creaciones de las que más orgullosa me siento. Si podemos unirnos y apoyarnos unos a otros en formas significativas, cada uno se vuelve más fuerte y tiene mayores probabilidades de prosperar y alcanzar el éxito.

Las personas de todas las razas, identidades y experiencias deberían crecer en un mundo donde se les aliente a abrir cualquier puerta y entrar, trátese de un laboratorio de ciencias informáticas, la oficina del presidente de la compañía o la oficina del director. Debemos atrevernos a soñar con nuevas posibilidades, nuevas ideas e innovaciones, y debemos creer que podemos hacer cualquier cosa que nos propongamos hacer. Y merecemos tener los recursos y el apoyo necesarios para perseguir esos sueños de una forma tangible.

Las mujeres de hoy tienen muchas más oportunidades de las que solían tener. Deberíamos estar orgullosas de ese legado y orgullosas de las mujeres que lucharon por esos derechos y abrieron nuevos caminos delante de nosotras. Sin embargo, tenemos un trayecto más largo que recorrer y mucho más por lo cual luchar.

Asumir un riesgo da miedo. Perseguir tus sueños con frecuencia puede colocarte en una posición vulnerable. No obstante, lo haces porque no puedes imaginarte no haciéndolo, ya sea que inicies un negocio, formes una banda o crees una organización sin fines de lucro, o pintes, cocines o te postules para un puesto público. Lo haces porque está en el aire que respiras, en la sangre que corre por tus venas, en tus huesos y en tu alma, y sabes que si no te arriesgas, nunca convertirás tus sueños en realidad.

Esto es lo que significa ser una jefa: hacer lo que te asusta, sin importar los retos y a pesar de los riesgos. Cuando trabajas para traer algo nuevo a este mundo, garantizas que lo cambiarás de alguna forma, aunque sea pequeña. Y quizá incluso lo harás de una forma importante.

Sin embargo, si tienes una idea de algo que quieres ver en este planeta, es probable que todavía no tengas el conocimiento y habilidades para convertir tu visión en acción. Y está bien. Algunas cosas, en especial en el mundo de los negocios, simplemente tienes que aprenderlas. Específicamente, a veces las mujeres necesitan un empujoncito en ese campo, porque mucha de la información que existe sobre tener éxito o crear una empresa no se dirige a nosotras.

Y es ahí donde entra *Ella es la jefa*.

Este libro contiene historias y herramientas que te ayudarán a encontrar a tu jefa interior y que estimularán la confianza y el potencial de liderazgo que ya existe dentro de ti. Tu jefa interior engloba no sólo las habilidades maravillosamente únicas que posees, sino también los defectos que te convierten en la persona que eres. Es posible que tus inseguridades y vulnerabilidades sean tu mayor fortaleza. Reconócelas y llévalas contigo en este viaje.

Creo en muchas cosas pero, principalmente, creo en el poder de una mujer que cree en sí misma.

Así que sin importar lo que cualquiera intente decirte, siempre recuerda lo siguiente: Tú eres la jefa.

Introducción

Siempre piensa en grande. En especial frente a aquellos que te dicen que reduzcas tus expectativas, que le bajes a tu ímpetu, que pienses en algo un poco más pequeño. Sí, especialmente en esos momentos. Cuando entres en el mundo de los negocios —no importa que tengas 10 años o 25— te toparás con personas que intentarán, a veces con buenas intenciones, modificar tus sueños. Te dirán que te pongas metas más accesibles para que seas más capaz de alcanzarlas. Quizá te adviertan que eso que intentas hacer será muy pero muy difícil. O, incluso, imposible. No lo hacen porque sean malos. Están pensando en ti y en tu frágil corazoncito, y les preocupa que intentes llegar a la luna y luego te des por vencida si no puedes lograrlo. Así que no te enojes con ellos. Simplemente escúchalos, asiente con la cabeza y dales las gracias. Siempre deberías ser amable, en especial cuando alguien te da consejos gratis. Pero luego aléjate con una sonrisa oculta en tu rostro, porque sabes algo que ellos no: eres una jefa formidable. Y cuando oigas algo negativo, considéralo como un reto.

Cuando hables de tus sueños de dirigir un negocio, desde el concepto hasta la ejecución, siempre debes pensar en grande. Para lograr algo grande, necesitas conceptualizarlo. Necesitas esforzarte, planear y tener esperanzas, y luego debes planear aún más. Requiere trabajo, pero estás a la altura del reto. Orienta tu brújula en la dirección a la que quieres ir. En el proceso esencial de lograr que tu negocio funcione día a día, habrá oportunidades para reconsiderar, reestructurar y modernizar. No obstante, nunca dejes de poner tus miras en lo más alto o de pensar en grande.

Ser una jefa

Cuando estás al mando, tú tienes el control. Ser «Jefa» significa ser *la* jefa y actuar como la benévola capitana de tu propio barco que navegará hacia donde tú lo dirijas. Estás al mando de ti misma y de cualquier otra persona que trabaje para ti y contigo para alcanzar las metas de tu empresa.

Los buenos jefes dirigen por medio del ejemplo, lo cual significa que tú eres el rostro de tu negocio. Observa con todo cuidado a tu empleada número uno, *tú*, y asegúrate de que esté haciendo un buen trabajo. Sé el tipo de jefa para la que te gustaría trabajar.

También existe el concepto menos tangible de ser «Jefa». Está totalmente relacionado con la actitud. Las mujeres que son Jefas no necesariamente manejan una empresa, aunque muchas lo hacen. Algunas son mujeres de las que has oído hablar, y hay otras de las que habrías querido enterarte antes de su existencia. Trátese de Nellie Bly, que se dedicó a desenterrar noticias periodísticas en el siglo XIX, o de Beyoncé, que canta canciones que van directamente al grano, en la actualidad no carecemos de mujeres Jefas que marquen el rumbo. Y no hay razón por la que no debieras ser una de ellas. Hay espacio para todas. **Ser Jefa es un estado mental.** Una Jefa es una chica que toma las riendas y que tiene grandes ideas y ambiciones ilimitadas. Jefa es como te consideras a ti misma y el modo en que te proyectas hacia el mundo. Ser Jefa es tener tu propio estilo de lo que es actual, *cool* y genial para definirte a ti misma como quieres ser, ya sea tranquilamente confiada, escandalosa y dispuesta a asumir el control, o locamente creativa: esa eres tú. Eso eres. Eres la empresa. Tengas éxito o fracases, nadie puede quitarte tu naturaleza de Jefa.

El punto de partida es la actitud. Para ser Jefa debes tener confianza en ti misma. No todo lo que hagas será perfecto pero, mientras creas en ti misma, sabes que seguirás intentándolo hasta que lo logres. Esa es la confianza. Trabajarás sin poner límites a lo que piensas que puedes hacer. Lanzarás una gran red para atrapar tus sueños y averiguarás cómo convertirlos en realidad. Te esforzarás y no te quejarás. Pedirás ayuda cuando la necesites. Te inspirarás en las legiones de mujeres que te precedieron, esas que definen lo que significa ser toda una Jefa.

Somos mujeres, felinas como leonas

Usamos montones de términos para referirnos a nosotras mismas: *chicas, mujeres, nenas, jefas,* y esto no es una falta de respeto para aquellas que pelearon y ganaron batallas en nombre de los derechos de las mujeres. Sabemos que podríamos autodenominarnos de cualquier modo o eliminar por completo cualquier referencia a nuestro género y que no estaríamos promoviendo un regreso al pensamiento retrógrado. No nos menospreciamos al utilizar el término *chica.* Por el contrario, estamos recuperando el término. En un sentido histórico, algunas personas han utilizado la palabra «chica» como insulto o como una forma de transmitir una imagen juvenil y menos capaz, porque piensan que las mujeres no podemos hacer todo tan bien como los hombres. Sin embargo, sabemos que están equivocados y sabemos que ser una chica es algo de lo cual podemos sentirnos orgullosas. Como mujeres, hemos tenido que luchar por nuestros derechos y por el respeto, y esa lucha simplemente acrecienta nuestra fortaleza. Todas expresamos diferentes aspectos de nuestra autoimagen en distintos momentos. Todas somos chicas, mujeres, nenas, doñas, tipas y diosas. Todas trabajamos con empeño y merecemos llamarnos como queramos. Una chica que maneja una empresa no es menos poderosa que una mujer que maneja una empresa. Todas recurrimos a nuestra Eleanor Roosevelt interior y trabajamos para crear proyectos emprendedores. Eso es lo que significa ser *LA* jefa. Y eso es lo que significa ser una chica, una mujer o como sea que quieras llamarte.

Así que no nos confundamos sobre a quién nos referimos cuando describimos a las jefas: nos estamos describiendo a nosotras mismas. Estamos describiendo a chicas que quieren iniciar negocios y a aquellas que ya están al mando. Describimos a mujeres con actitud que no aceptan un no como respuesta, por lo menos no en lo que se refiere a sus sueños. Describimos a J. K. Rowling, Janelle Monae, Amelia Earheart, Mo'ne Davis, Gloria Steinem, Oprah Winfrey, Lucille Ball, Linda Sarsour, Chelsea Clinton, Taylor Swift, Malala Yousafzai, Sofia Vergara, Aung San Suu Kyi, Michelle Obama, Tavi Gevinson, Samantha Bee. Y te describimos a ti.

Sólo una cosa más

A lo largo de este libro habrá muchos «sólo una cosa más»: muchos conceptos requieren una idea adicional o nota a pie de página para aclarar un detalle o matiz, así que asegúrate de tomarlos en cuenta. A veces descubrirás que las anotaciones de «sólo una cosa más» son incluso más valiosas que lo que se dice dentro de los capítulos.

En este caso, la nota al pie se refiere a ser buena con tus camaradas jefas. Nunca rebajes a otra mujer. Todas estamos haciendo un gran esfuerzo para crear algo nuevo, para motivar el cambio en el mundo, para iniciar algo que importe. Puede parecer que algunas personas tuvieron un éxito fácil o que tuvieron una ventaja. Tal vez pienses que la idea de alguien es ridícula y no puedas imaginar cómo es que tuvo éxito. O quizá verás a alguien exitoso que sabes que no es muy buena persona.

Muérdete la lengua. No progresamos cuando nos menospreciamos entre nosotras. La expresión «cuando sube la marea todos los barcos flotan» se aplica a nosotras, en especial porque las mujeres necesitan trabajar juntas y apoyarse unas a otras en un mundo en el que no siempre se nos ha tomado en serio. Allí donde una mujer logró el éxito existe el espacio para que otra lo consiga. El ascenso de una persona abre el camino para la siguiente y no necesitamos impulsarnos pasando por encima de los demás. Sé amable con todos. Sé justa. Trata a los demás como quieres que te traten. Nunca sabes con quién entrarás en contacto después. Apóyense entre sí.

«No podemos triunfar cuando nos frenan a mitad del camino. Hacemos un llamado a nuestras hermanas de todo el mundo para que sean valientes, para que abracen la fortaleza en su interior y manifiesten todo su potencial»

—MALALA YOUSAFZAI, GANADORA DEL PREMIO NOBEL DE LA PAZ.

Capítulo 1

Los porqués:
¿Por qué tú?
¿Por qué ahora?
¿Por qué ser una jefa?

A veces la gente dice que desearía regresar al pasado y hacer todo de nuevo con la sabiduría que sólo viene con la experiencia. A medida que avanzamos en la vida y en el mundo de los negocios, aprendemos lecciones que desearíamos haber sabido cuando éramos más jóvenes.

Sin embargo, la otra razón por la que la gente dice que quisiera volver al pasado es porque se da cuenta de que hay una cierta libertad implícita en *no* saberlo todo. Cuando no has tenido montañas de experiencia, no tienes tantas voces dentro de tu cabeza que cuestionan cada acto que realizas. No te han dicho que no cientos de veces y, hasta donde te dice tu experiencia, nunca escucharás una palabra desalentadora. Hacer planes sin sentir restricciones es un bello lujo. Así que, por ahora, toma ventaja del hecho de no saberlo todo, incluyendo tus limitaciones. Esa es la segunda parte de pensar en grande. Piensa sin censurarte a ti misma.

Las ventajas de la juventud son: una actitud de invencibilidad, un poco de estupidez, ideas novedosas, ideas que vienen de una mentalidad de «dedícate a lo que sabes, dedícate a lo que amas» y destreza técnica.

Lo que las jóvenes emprendedoras todavía necesitan aprender es: los asuntos relacionados con el dinero, los asuntos administrativos, los asuntos de la adultez que no son divertidos pero sí necesarios y se encuentran más allá de los muros de su habitación.

Los muros se derrumban

Hace veinte años, o incluso hace diez, si alguien hubiera planteado la idea de que jóvenes de dieciséis o diecisiete años manejaran empresas con márgenes de ganancias y empleados, habría habido mucha incredulidad. Quizá incluso una risita despectiva. Pero ya no. Actualmente existen jóvenes emprendedores que ganan más que sus mayores y que crean empresas a una velocidad mucho mayor que nunca antes. Tienen ideas, están listos para iniciar y es momento de que te unas a ellos. Las jefas pueden tener 5 años. Pueden tener 17. Pueden tener 20. Es posible que la gente siga siendo escéptica, en especial si es de mayor edad y no ha tenido mucha exposición a emprendedores jóvenes con grandes ideas. No dejes que te desalienten. Piensa que cada detractor representa una oportunidad para educar a una nueva persona sobre lo que las mujeres jóvenes pueden hacer. Eso no quiere decir que vas a encontrar resistencia dondequiera que vayas. No obstante, en caso de que ocurra, pásalo por alto y sigue adelante.

En la actualidad existen asombrosas oportunidades para emprendedores de todas las edades, en especial ahora que la tecnología hace que todo sea más rápido, más fácil y más accesible. Puedes hacer negocios con alguien que vive al otro lado del país —o del mundo— sin nunca tener que reunirte con él en persona (aunque las reuniones en persona son útiles). Puedes usar la tecnología para crear tu propio sitio web, lanzar una cuenta de Twitter, crear tu marca y publicitarte a ti misma. No importa la edad que tengas. Si tienes una gran idea y puedes correr la voz, puedes encontrar un público o un mercado.

Diez fabulosas jefas que deberías conocer

1

Madame C. J. Walker, conocida también como Sarah Breedlove, inició un negocio de productos para el cuidado del cabello dirigido a mujeres negras y se convirtió en la primera afroestadounidense millonaria.

2

Oprah Winfrey, quien tuvo su primer programa de entrevistas cuando tenía 21 años y desde entonces ha estado abriendo camino para las mujeres que son todas unas Jefas.

3

Nellie Bly, también conocida como Elizabeth Cochran, quien tenía 20 años cuando escribió un artículo para un diario en Pittsburgh acerca de las injusticias que sufrían las divorciadas, un tema tabú en esa época. Sin embargo, la gente leyó sus artículos y la contrataron como la primera reportera mujer en un periódico.

4

Jane McGonigal, reconocida diseñadora de videojuegos y fundadora de SuperBetter, un juego en línea que ha ayudado a casi medio millón de personas a luchar contra los trastornos neurológicos y traumatismos craneoencefálicos.

6

Sara Blakely, fundadora de Spanx, un negocio de 150 millones de dólares que vende prendas interiores modeladoras sin líneas visibles.

5

Limor Fried, ingeniera informática y única propietaria y fundadora de Adafruit, una empresa de *hardware* de código abierto que ofrece educación en línea relacionada con la construcción de dispositivos electrónicos y que también ha vendido más de 40 millones de dólares en kits de productos electrónicos.

8

Caterina Fake, cofundadora del sitio de gestión de fotografías Flickr (ahora propiedad de Yahoo), fundadora del sitio de viajes Findery y expresidenta de la junta directiva de Etsy.

7

Lucille Ball, la primera comediante-productora-constructora de imperios estadounidense, de la generación anterior a Julia Louis-Dreyfus o Lena Dunham. Lucille, reina de la comedia física, a menudo también era la persona que más trabajaba en el estudio, al mismo tiempo que aprendía a dirigir su propia empresa de producción y ganaba cuatro premios Emmy.

9

Marie Curie, quien a los 24 años derribó las puertas antes cerradas para las mujeres interesadas en la ciencia y llegó a ganar dos premios Nobel, uno de física y otro de química, por su trabajo sobre la radioactividad.

10

Sharon Vosmek, directora ejecutiva de Astia, una organización sin fines de lucro en San Francisco que ayuda a encontrar inversionistas para empresas emergentes de alto crecimiento dirigidas por mujeres.

Anatomía de una jefa

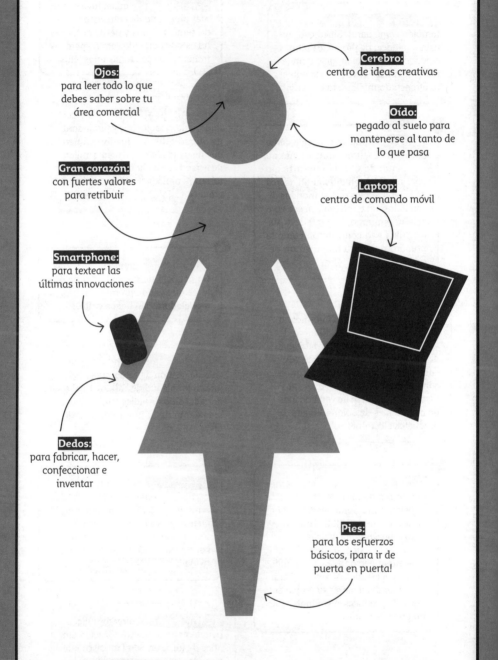

Cerebro:
centro de ideas creativas

Ojos:
para leer todo lo que
debes saber sobre tu
área comercial

Oído:
pegado al suelo para
mantenerse al tanto de
lo que pasa

Gran corazón:
con fuertes valores
para retribuir

Laptop:
centro de comando móvil

Smartphone:
para textear las
últimas innovaciones

Dedos:
para fabricar, hacer,
confeccionar e
inventar

Pies:
para los esfuerzos
básicos, ¡para ir de
puerta en puerta!

Eres toda una jefa

Por supuesto que lo eres. Si dirigir tu propio negocio es algo que quieres hacer, eres la *jefa*. Desde antes de que incubes tu primera idea de negocios o anotes los elementos básicos de un plan de negocios, eres Jefa. Ser Jefa implica que eres un poquito cabrona, un poquito mandona, un poquito necia, muy vivaz y un poco —bueno, de hecho muy— persistente.

Pedir ayuda no elimina tu naturaleza de jefa. Necesitarás consejo de las personas que te rodean. Es posible que necesites pedir dinero prestado. Tendrás mentores y ejemplos a seguir. Ser una jefa inteligente significa buscar ayuda cuando la necesites en lugar de reinventar la rueda.

Una jefa no es una diva. Si eres tímida, si no siempre te sientes con ganas de hablar en público, si no te consideras una líder, si te preocupa que nadie te vea como tú te ves a ti misma, si tienes miedo, si te sientes intimidada, si no estás segura, ¿puedes seguir teniendo la posibilidad de ser Jefa? *¡Sí!*

Tú tienes el poder

Es posible que no te des cuenta de ello, pero la gente que dirige empresas y vende productos —en especial aquellos dirigidos a adolescentes— te necesita. Están interesados en lo que piensas. Quieren saber qué te gusta. Formas parte de un grupo muy buscado e influyente de consumidores. A menudo esas empresas están bajo la dirección de ejecutivos viejos, frecuentemente varones, que en general se basan en la investigación. Intentan averiguar cómo captar tu atención.

Y ahí es donde tú les llevas una notable ventaja: ellos no son tú. Quieren saber qué te gusta y qué quieres comprar, pero tienen que realizar encuestas y hacer preguntas para averiguarlo. Tú no tienes que hacerlo porque ya sabes lo que te gusta. Sabes qué visten tus amigas y qué leerían y comprarían si tan solo existiera. Haz que exista. Empieza tu negocio utilizando información de primera mano. Usa ese poder.

Tú creas comunidades

No pasa un día en que no te conectes con tus amigos, informándoles qué estás haciendo y cómo lo haces. Unos y otros leen sus historias en Instagram, le dan «me gusta» en sus fotografías compartidas en Facebook, se mandan emoticones a través de mensajes de texto y tuitean lo que están pensando. Eso, además de pasar tiempo con tus amigos, hablar de lo que te gusta y de cómo planeas cambiar al mundo. La conectividad te servirá muy bien cuando lances y desarrolles tu negocio. Esa misma comunidad de amigos y familiares será tu primer mercado de prueba de clientes. Ellos le contarán a un amigo y sus amigos les contarán a más amigos. Tu comunidad es una importante fuerza impulsora de tu negocio, pero la mejor parte es que tú creas tu comunidad con el simple y sencillo propósito de rodearte de la gente que amas y conectarte con ella. Tus relaciones son genuinas. Ayudas a tus amigos y ellos te ayudan a ti. Y esa comunidad creará cosas en conjunto.

Conoce a nuestras jefas

Por fortuna, tú no tienes que reinventar la rueda. Puedes aprender de las Jefas talentosas y experimentadas que tomaron las riendas antes que tú y que están aquí para compartir sus historias y las lecciones que aprendieron con mucha dificultad en las trincheras. Puedes seguir los altibajos, retos y emociones de iniciar y dirigir un negocio leyendo acerca de jefas como tú, que empezaron con una idea y la desarrollaron hasta convertirla en una empresa hecha y derecha. Estas sorprendentes Jefas están poniendo en acción las lecciones que te enseñaremos aquí. Mira cómo lo hacen ellas mientras progresas y desarrollas tu propio negocio. Las Jefas en este libro te inspirarán. Te contarán cómo manejaron los mismos tipos de desafíos que tú enfrentarás. Eso significa dos cosas: no estás sola, ya que muchas Jefas han enfrentado los mismos obstáculos con los que tal vez te enfrentes, y no tienes que encontrar tu camino sin información y consejo. Así que inspírate y conócelas.

NIHARIKA BEDEKAR no esperaba pasar por un hecho que le cambió la vida cuando tenía siete años. Sin embargo, cuando se le presentó la menstruación a tan temprana edad —en comparación con una edad promedio de 13 años, según las estadísticas nacionales de esa época— le abrió los ojos no sólo a cómo se sentía ser diferente a sus compañeras, sino también a cómo podía ofrecer apoyo a otras niñas. Se percató de lo debilitantes que pueden ser los temas de imagen corporal para la autoestima el desarrollo de las niñas y aprendió que muchos trastornos futuros tienen su origen en sucesos que ocurren durante la pubertad. Así que inició Power Up, una organización sin fines de lucro que se dedica a ayudar a las niñas a entender lo que experimentará su cuerpo en la pubertad, para que no se vuelva un motivo de temor o un tabú. El tiempo que no pasaba estudiando en la Universidad de Stanford lo ocupaba trabajando como pasante de ingeniería de *software* en el equipo de Apple Watch. Niharika da charlas a grupos de chicas jóvenes acerca del comportamiento adecuado según la edad, acerca de cómo enfrentar las imágenes poco realistas de los medios de comunicación y cómo sentirse cómodas consigo mismas. Síguela en twitter.com/**niharikabedekar**.

CHENTAL-SONG BEMBRY adoraba leer y ver televisión cuando era niña en Somerset, Nueva Jersey, pero le molestaba que no hubiera personajes que se parecieran a ella. Así que a los 10 años creó una serie de libros llamada *The Honey Bunch Kids*, que se convirtió en una serie de historias basadas en unos estudiantes de secundaria que se conocen un día cuando pierden el autobús y tienen que caminar a la escuela bajo la lluvia. Los libros enseñan lecciones sobre la compasión, el acoso escolar y la amistad. Para cuando llegó al último año de estudios en la Universidad Hampton en Virginia, Chental-Song había vendido más de 3000 ejemplares de sus libros y trabajaba en una novela gráfica y un programa animado de televisión basados en sus personajes. Conéctate con ella en twitter. com/**chentalsong**.

DEEPIKA BODAPATI ha derramado sangre, sudor y lágrimas en su pasión por la ciencia. Especialmente sangre. Ocupó sus años de secundaria y preparatoria diseñando proyectos para las ferias científicas con aplicaciones para el mundo real, como la creación de una tira reactiva para detectar si los vegetales estaban contaminados con bacterias como E. coli o salmonella. Eso la condujo a asociarse con un amigo, Tanay Tandon, y a crear una compañía llamada Athelas (que casualmente es una hierba medicinal en *El señor de los anillos*), que desarrolló un dispositivo portátil para detectar diversas enfermedades a través de una gota de sangre. En efecto, al principio utilizó su propia sangre para las pruebas. Utilizando algoritmos y visión por computadora, el dispositivo Athelas puede producir resultados en minutos en un teléfono inteligente y a una fracción del costo de otros dispositivos de prueba. Mientras estudiaba en la Universidad del Sur de California, Deepika obtuvo en 2015 el primer lugar y 25 000 dólares de capital inicial en la competencia *Silicon Beach @ USC* para nuevos emprendimientos en tecnología emergente y se inscribió en el programa de verano *Y Combinator*, en el que una prueba clínica del dispositivo probó que era 100 % eficaz. Actualmente la empresa se está expandiendo a México y a India. Conócela en **athelas.com**.

JULIETTE BRINDAK BLAKE tenía apenas 13 años cuando fundó Miss O and Friends, un sitio seguro de redes sociales para niñas preadolescentes que se basa en los personajes que ella creó y dibujó cuando tenía 11 años. Desde entonces ha desarrollado el concepto de Miss O and Friends hasta convertirlo en un negocio multimillonario que proporciona a las niñas preadolescentes un sitio donde socializar, jugar, obtener consejos y aumentar su autoestima. El sitio tiene más de un millón de visitantes únicos cada mes. Ahora, la empresa de Juliette tiene luz verde para realizar una serie con la mayor plataforma de video en el mundo, parcialmente basada en Miss O and Friends, donde los personajes son estudiantes de secundaria que trabajan en un sitio web y lidian con los dramas cotidianos de la vida. Dirigir el negocio mientras aún cursaba la preparatoria fue un acto de equilibrismo en el que, al mismo tiempo que estudiaba para los exámenes, se reunía con inversionistas y desarrollaba una compañía. Ahora que terminó sus estudios universitarios, Juliette dirige la empresa a tiempo completo. Conoce a Miss O y a sus amigos en **missoandfriends.com.**

ALEXANDRA (ALEX) DOUWES y NELLIE MORRIS crearon una compañía que ejemplifica el lema «dedícate a lo que sabes» (y sobre la marcha descubre lo que no sabes). A los 23 años fundaron Purpose Generation, una firma de consultoría que ayuda a las marcas icónicas a entender mejor y a atraer a los milenials. Son expertas en ese anhelado mercado meta pues forman parte de él y trabajan con un equipo de jóvenes estrategas y colaboradores externos para ayudar a las empresas a conectarse con la siguiente generación de consumidores y talento. Entre sus clientes se encuentran Campbell's Soup, Wells Fargo Bank y AARP. Luego de graduarse de la Universidad de Princeton, Nellie ayudó a lanzar en Sudáfrica la primera bolsa social de valores regulada y la eligieron como una de los 100 innovadores que volaron de San Francisco a Londres como parte de «UnGrounded: Laboratorio de innovación en el cielo» de British Airways. Alex creció en Londres y en los Países Bajos antes de mudarse a Estados Unidos para estudiar relaciones internacionales y jugar hockey sobre pasto en Princeton. Inició su carrera con un breve periodo en el Fondo Acumen, antes de ingresar a una práctica de consultoría gerencial global. Las dos amigas y socias se conocieron en la universidad, pero años más tarde descubrieron que nacieron en el mismo hospital en Londres. Algunas cosas simplemente tienen que suceder. Echa un vistazo a su trabajo en **purposegeneration.com.**

DEBBIE FUNG tenía 23 años cuando cofundó Yoga Tree, un estudio de yoga en Toronto, Canadá. Ahora es copropietaria de varios estudios de yoga y planea abrir más. Ella y su pareja, Jason (se conocieron en la universidad y luego se casaron), viajaron a India después de terminar la universidad. Allí aprendieron sobre yoga y medicina ayurvédica, y al regresar estaban seguros de que trabajar para las empresas de otros no era lo suyo. Así que tomaron el dinero que habían planeado gastar en un departamento y lo usaron para iniciar Yoga Tree, que ahora ofrece unas 2000 clases por mes. Fue reconocida como una de las empresas de más rápido crecimiento en Canadá y convirtieron al yoga —que seguía siendo algo desconocido cuando empezaron— en una necesidad para el acondicionamiento físico convencional. Saca tu tapete de yoga y entra a Yoga Tree en **yogatree.ca.**

FE MAIDENS (se pronuncia «Iron Maidens» (Damas de Hierro) porque Fe es el símbolo químico del hierro, que en inglés se dice «iron») es un equipo femenino de robótica en la Bronx High School of Science, una escuela especializada ubicada en la ciudad de Nueva York. Su meta es promover el papel de las mujeres en los campos de la ciencia y la ingeniería, y alentar a más niñas a participar en estas áreas. El equipo de 60 chicas trabaja para fomentar amor y reconocimiento hacia la ciencia y la tecnología, promover los ideales de FIRST (siglas en inglés de For Recognition of Science and Technology: Para el reconocimiento de la ciencia y la tecnología) y dar oportunidad a sus miembros de mejorar sus habilidades y conocimientos. A través de competencias y trabajo en equipo buscan eliminar los prejuicios contra las mujeres en las áreas de tecnología e ingeniería. Charlotte, la capitana, recopiló los consejos de las integrantes del equipo para este libro. Conócelas en **femaidens.wordpress.com**.

Desde el momento en el que **ALYSON GREENFIELD** fue a ver una obra de teatro cuando tenía seis años, supo que quería estar sobre un escenario. Aunque nadie de su familia tocaba música, rogó a sus padres que la enviaran a clases de piano hasta que aceptaron, lo cual le permitió iniciar su carrera como cantautora a los diez años de edad. Toca la batería, el teclado y la guitarra, además del acordeón y el sintetizador. Inspirada en el festival femenino Lilith Fair, comenzó su propio festival independiente de música para mujeres, el cual creció hasta abarcar cinco escenarios en tres noches en la Ciudad de Nueva York. El Tinderbox Music Festival se presentó durante cuatro años consecutivos y dio a conocer a más de 100 nuevas intérpretes de música de todo el mundo. Ahora Alyson toca en los mejores escenarios de Nueva York, compone temas musicales para películas y produce eventos enfocados en la justicia social y el empoderamiento de las artes en el aula. También enseña inglés en el Hunter College. Conócela en **alysongreenfield.com.**

PRISCILLA GUO asistió a la Hunter College High School en la Ciudad de Nueva York, donde fue presidenta de Girl Up, UNICEF y el Club de Ciencias. También fue embajadora de poesía para Girls Write Now, al igual que una de las «Graduadas más impresionantes de la preparatoria» de Business Insider en 2014. En su penúltimo año de estudios, Bloomberg, quien entonces era el alcalde de la ciudad, la nombró miembro del New York City Youth Board (Consejo de jóvenes de la ciudad de Nueva York), donde brindó asesoría sobre el crecimiento y desarrollo de programas para la juventud.

Priscilla también fundó un programa juvenil de verano para enseñar lenguaje de programación a estudiantes de viviendas públicas en Harlem, donde imparte clases todos los veranos y expone a los chicos carreras potenciales y vías para lograr el éxito. Priscila obtuvo la prestigiosa beca del Programa Juvenil del Senado de los Estados Unidos para los estudiantes interesados en el servicio público, y fue uno de los dos representantes de la ciudad de Nueva York en la capital de ese país. Como parte del programa, se reunió con el entonces presidente Barack Obama, con el juez Antonin Scalia y con la directora del Fondo Monetario Internacional, Christine Lagarde. Priscilla estudia tecnología, política y sociedad en la Universidad de Harvard, donde funge como copresidente de Harvard Women in Computer Science y copresidente de Harvard Undergraduate Women in Business. En el Instituto de Política de Harvard es directora de tecnología y presidenta de STEAM (siglas en inglés para ciencia, tecnología, ingeniería, arte y matemáticas). Priscilla escribe para *Harvard Political Review* y está interesada en explorar la intersección entre la política y la tecnología. Encuéntrala en twitter.com/**priscillawguo.**

GABRIELLE JORDAN empezó Jewelz of Jordan vendiendo collares, aretes y brazaletes con gemas incrustadas cuando tenía nueve años. Después de aprender joyería en YouTube, no hubo nada que la detuviera. A los 16 años amplió su colección para incluir su línea de joyería Girlz, donde cada pieza lleva un mensaje inspirador para las niñas, y la colección Tigerlily, donde una parte de las ganancias se dedican a la Fundación Tigerlily, que brinda servicios a las chicas y mujeres diagnosticadas con cáncer de mama. Gabrielle, que vive en Bowie, Maryland, es autora del libro *The Making of a Young Entrepreneur* (Cómo se crea una joven empresaria), y dirige el ExCEL Youth Mentoring Institute, que ayuda a jóvenes emprendedoras a lanzar sus negocios. Encuéntrala en **gabriellejordaninspires.com.**

NEEKA MASHOUF es una ingeniera y emprendedora de corazón. Le apasiona utilizar la tecnología y los negocios para resolver los grandes problemas mundiales, facilitando oportunidades y prosperidad a personas de todo el mundo. Neeka cofundó una empresa emergente, NLightN, para proveer de energía renovable a las pequeñas empresas en los países en desarrollo y llegó a las semifinales de la Global Social Venture Competition (Competencia de emprendimiento social global) en 2017. También está mejorando el proyecto ganador de su equipo en el hackeatón, Izdihar, para tratar los problemas de salud mental de los refugiados sirios a través de una aplicación web, cuyo programa piloto se utilizó en una escuela de refugiados en Líbano. Le encanta construir cosas y está experimentando con soluciones para el futuro de la energía limpia, el acceso al agua, la agricultura alimentaria inteligente y la salud.

Neeka desarrolló su pasión por la tecnología para beneficio de la sociedad dirigiendo un equipo de más de 100 miembros en CalSol, el equipo del vehículo solar de la UC en Berkeley, como directora, líder del equipo de diseño de baterías y corredora de autos. No sólo ayudó a diseñar y construir vehículos impulsados por energía solar, sino que también los corrió sobre pistas de Fórmula Uno y en un recorrido de más de 3200 kilómetros a través de Estados Unidos, obteniendo el primer lugar en la Formula Sun Grand Prix 2017.

Neeka estudia en la UC en Berkeley con la meta de obtener títulos simultáneos en ciencia e ingeniería de materiales, y administración de empresas. Fuera de la escuela ha llevado a cabo y publicado investigaciones sobre materiales informáticos, fotosíntesis artificial y la conexión a internet de distintos dispositivos, y ha explorado el futuro de la fabricación de artículos como pasante en gestión de productos en Autodesk. También dirige un equipo de consultoría que proporciona servicios a organizaciones sin fines de lucro en The Berkeley Group. Conócela en **neekamashouf.com.**

NAAMA RAZ-YASEEF, originaria de Israel, supo que quería trabajar en el área de ecología y ciencias ambientales, pero luego de trabajar para una empresa privada de consultoría ambiental sintió que su trabajo no estaba teniendo suficiente impacto. Así que se mudó al otro lado del mundo para estudiar en el norte de California y trabajar en el Laboratorio Nacional Lawrence Berkeley. Se enteró de que en las áreas rurales de Zimbabue, donde sólo llueve un par de meses al año, las mujeres se esforzaban por cultivar alimentos básicos en las estaciones de sequía y tenían que llevar agua desde un río, cargándola en cubetas que equilibraban sobre la cabeza y recorriendo una inclinada colina sólo para conseguir agua para sus cultivos. Así que fundó un programa piloto sin fines de lucro para crear un sistema que llevara agua a la comunidad y desarrolló un sistema asequible de irrigación móvil para los cultivos durante todo el año. Averigua más sobre lo que Naama está haciendo en **http://rynaama.wixsite.com/naama-razyaseef/home.**

CHELSEA SILER es una golfista, ultramaratonista y directora de comunicaciones de la Canadian Broadcasting Company/ Radio Canadá (donde conectó la marca de la cadena de radio con los canadienses a través de las redes sociales durante las Olimpiadas de Río), además de fundadora y propietaria de la empresa de relaciones públicas y mercadotecnia Five & Vine en Vancouver, Columbia Británica. Está a cargo de la comunicación, la gestión de marca y la gestión en crisis en el espacio digital y social para la segunda marca más reconocida de Canadá. Pero regresemos un momento: dijimos que es ultramaratonista. Eso significa que hace carreras de 160 kilómetros y no tiene ninguna intención de bajar el ritmo. Chelsea trabaja intensamente y si quiere asumir una nueva responsabilidad laboral que parezca estar por encima de su salario, simplemente pide hacerlo y aclara que su misión es hacer el trabajo —incluso una labor poco glamorosa, si es un medio para alcanzar un fin— hasta que alcanza su meta. Esa es la mentalidad de la ultramaratonista. Conócela en twitter.com/**chelseasiler**.

SASKIA NIÑO DE RIVERA a los 24 años cuando fundó Reinserta, una organización sin fines de lucro cuyo objetivo es luchar por un México más seguro desde el sistema penitenciario. Mientras trabajaba en el ámbito penal, Saskia notó la necesidad urgente de que se interviniera el sistema penitenciario mexicano. Con pasión y compasión decidió trabajar en lo que más la mueve, y entró con todo para crear su fundación. La corrupción y la constante violación de Derechos Humanos afecta de manera importante la situación de inseguridad en el país, pues propician que las prisiones se conviertan en universidades del crimen en lugar de fungir como centros de rehabilitación. Reinserta trabaja para prevenirlo, y está enfocada en 3 diferentes áreas: mujeres, niños y niñas que nacen y viven en prisión; adolescentes en conflicto con la ley y en proceso de reinserción a la sociedad; y la lucha contra la impunidad y en beneficio de los inocentes que se encuentran en prisión.

Saskia estudió la Licenciatura en Psicología en la Universidad Iberoamericana, y cuenta con una Maestría en Derechos Humanos y Garantías por parte del Instituto Tecnológico Autónomo de México (ITAM). Trabajó en la Coordinación Nacional Antisecuestro e impulsó la creación del Apartado de Maternidad en Prisión en la Ley de Ejecución Penal. Fue elegida como Líder Mexicana de la Primera Generación de Mujeres por Raising Talent Women's Forum y es una de las 3,000 personas escogidas por Ashoka Global en el mundo como emprendedora social. Asimismo, fue nominada al Premio Nelson Mandela-Graça Machel 2016 y nombrada "Next Generation Leader" por parte de la revista Time. Aprende más sobre su fundación en reinserta.org.

NATALIA SILVA Silva descubrió su pasión cuando empezó a trabajar con una diseñadora mexicana. Supo que era lo suyo, así que decidió estudiar la Licenciatura en Diseño de Modas en la universidad CENTRO. Al concluir sus estudios estaba un poco desencantada: en México el trabajo del diseñador tiene mucho peso como creador de vestidos de noche para el mercado de lujo, pero ella quería desempeñarse en algo distinto. Le llamaban la atención las empresas de *fast fashion* como modelo de negocios, pues son las marcas que más se consumen hoy en día. Sin embargo, conforme empezó a investigar se encontró con un parte aguas en su carrera: estas empresas tienen un fuerte impacto en el planeta. Su cadena de producción está llena de omisiones en temas de sustentabilidad y ética, y lo peor: nadie hablaba de ello ni había hecho nada al respecto. Fue así que puso manos a la obra y creó Mio a sus 23 años, una marca mexicana que quiere fomentar la relación de cariño entre los niños y su ropa mediante prendas ajustables que permiten extender su periodo de vida activa hasta 2.5 años. Utiliza solo tejidos orgánicos para crear piezas que se ajustan hasta una talla más, y se esfuerza por generar conciencia entre sus usuarios respecto al cuidado de la ropa, pues la mitad del trabajo está en sus manos. Aprende más sobre su marca en mio-mio.co.

GEEK GIRLS
Para Karla Gradilla y Verónica Madrigal, el nacimiento de GeekGirlsMX resultó de una corazonada y una intuición. Después de un evento internacional de inspiración para mujeres en Suecia, descubrieron la necesidad de que en

México existieran espacios similares donde las mujeres se pudieran reunir para intercambiar tarjetas, darse a conocer y hacer de su pasión algo productivo. Fue así que lanzaron un grupo de Facebook para generar una comunidad de mujeres *geek*: aquellas que desean convertir su pasión en su trabajo de ensueño mediante el uso de herramientas como la tecnología. Desde su lanzamiento en 2010, la comunidad ha ido creciendo muchísimo hasta convertirse en una gran hermandad. Parte importante de su iniciativa han sido sus *MeetUps*: eventos para las mujeres de su comunidad donde participan varios conferencistas y emprendedores que hablan del trayecto que han recorrido para llegar hasta donde están, los retos que se han enfrentado, etc. Su objetivo principal es romper con todos los esquemas para construir algo nuevo que inspire a las mujeres a impulsarse de manera constante y explorar posibilidades distintas.

Karla estudió la Licenciatura en Comunicación en el Instituto Tecnológico y de Estudios Superiores de Occidente (ITESO). Es instructora certificada de yoga y en 2015 recibió una beca del International Visitors Leadership Program. Verónica estudió la Licenciatura en Diseño Gráfico en el Centro Universitario de Arte, Arquitectura y Diseño de la Universidad de Guadalajara (UDG). Es fundadora de Mekishico y Fellow de Vital Voices. Ambas son mamás, y gracias a GeekGirlsMx han crecido muchísimo. Conoce más sobre esta iniciativa en geekgirls.com.mx.

INÉS JIMÉNEZ sabía desde los 16 años que quería aportar algo a la humanidad a través de la biología y la ingeniería, así que decidió irse a estudiar una Maestría en Ingeniería en Materiales en Medicina a la *Queen Mary University of London* (QMUL), así como un Doctorado en Ciencias Materiales en la misma universidad. A su regreso, notó que en México había mucho talento, muy buena investigación y buenos laboratorios, pero hacía falta mejorar la comunicación entre los estudiantes, las universidades y los centros de investigación. Fue así que decidió crear una plataforma para la ciencia y la tecnología con la visión global de democratizar la ciencia. InMateriis significa *materiales* en latín. Se trata de una iniciativa de alto impacto social que trabaja con un equipo interdisciplinario en el desarrollo de diversos proyectos que pretenden manufacturar, distribuir e innovar desde el territorio mexicano. Entre sus creaciones está un sustituto óseo para impresión 3D que a partir de imágenes médicas sirve para hacer prótesis, y unos parches compuestos de celulosa bacteriana que tienen múltiples aplicaciones en la medicina. La idea es que InMateriis se convierta en un centro de infraestructura que tome fuerza del grupo de trabajo interdisciplinario, que ofrezca un lugar donde se le pueda dar oportunidad a los jóvenes y que cree trabajos de alto impacto aquí en México. InMateriis ha recibido varios fondos del CONNACYT. Por su trabajo, Inés ha sido galardonada con el premio de *Excellence in Innovation Intelligence* de 2016 por Altair Technology, y con una Mención Especial por Emprendimiento de Alto Impacto por parte del Gobierno Federal de la República Mexicana en el Premio Nacional del Emprendedor del mismo año. Síguela en inesjimenezpalomar.com.

«No te sientas atemorizada por lo que no sabes. Esa puede ser tu mayor fortaleza y garantiza que harás las cosas de modo diferente a todos los demás».

—SARA BLAKELY, FUNDADORA DE SPANX

Capítulo 2

Todo empieza
con una idea

Cualquier cosa puede ser un negocio. Te lo repito: *cualquier cosa* puede ser un negocio. ¿Tus despotriques hacia los malos conductores? Puedes hacer una rutina de comedia en vivo o puede ser material para la letra de una canción. ¿Tu tía te donó todo un clóset de ropa antigua que no es de tu estilo? Puedes poner una tienda de ropa *vintage* en línea. ¿Tienes un estilo que todo el mundo en el campus quiere copiar? Puedes ser asistente de compras o estilista. ¿Esos proyectos de ciencias que están arrumbados? Puedes montar una nueva empresa de biotecnología.

Así que no te obsesiones pensando que las cosas que más te encanta hacer en el mundo no parecen muy comerciales que digamos. Podrían no serlo al principio, pero eso no significa que no puedas convertirlas en un negocio. Lanza una amplia red y ponte a pensar en serio. (Da una caminata por tu vecindario. Poner tus pies en marcha es una increíble manera de poner también tu mente en movimiento).

¿Qué es lo que siempre te ha gustado hacer? No te autocensures. No te digas a ti misma: *Sí, pero en realidad eso no es un negocio.* Haz una lista y no te sientas avergonzada de incluir cosas como pasearme con mis amigos, pintarme las uñas, guglear datos científicos extraños y estudiar para pruebas de ingeniería. Podemos crear negocios a partir de todas esas cosas y esa es la parte divertida.

A Alex Douwes y Nellie Morris se les ocurrió la idea para su negocio, Purpose Generation, observando las actitudes y opiniones comunes que observaban en sus compañeros.

Alex y Nellie

Todo empezó allá por 2012 mientras tomábamos café y discutíamos por qué tantas personas de nuestra edad estaban infelices con su trabajo. Muchos de ellos estaban abandonando el mundo corporativo para crear empresas emergentes, esperanzados de alcanzar un mayor sentido de propósito y libertad de acción con la finalidad de causar un impacto. Reconocimos que las grandes corporaciones tienen importantes recursos, pero a menudo no entienden cómo aprovecharlos para conservar al talento joven y atraer a los consumidores milenials. Descubrimos que las salas de consejo están llenas de hombres de cincuenta años o más que hablan sobre lo que sus hijos quieren y nos dimos cuenta de que, como milenials, estábamos en una posición única para aconsejarles cómo mantenerse vigentes.

En lugar de hacer suposiciones sobre lo que nuestra generación quiere —o suponer que nuestra opinión refleja la de todos los demás— decidimos formar una tribu de gente de 18 a 35 años para que sirviera como maquinaria interna de ideas. Nuestra tribu está compuesta por consumidores participativos y apasionados que quieren crear nuevos productos y servicios junto con las marcas. Lanzamos cada proyecto aprovechando las ideas de nuestra tribu y seguimos regresando a ellos para obtener sus comentarios y evaluaciones durante todo el proceso para garantizar que la voz del consumidor forme una parte integral de toda solución. Sin embargo, en lugar de sentarnos con los participantes de la investigación en un ambiente estéril, como lo hacen las empresas tradicionales de investigación de mercado, nosotras nos conectamos con ellos como iguales y hacemos que el proceso sea tan interesante y divertido como sea posible. Luego traducimos estas reflexiones a un lenguaje que nuestros clientes puedan entender. Este ha sido un enorme factor de diferenciación para nosotros.

Descubre qué es lo tuyo

La clave de cualquier buen negocio es que se te ocurra algo que tú puedes proveer y que los demás quieran. Suena sencillo y sí puede serlo. Claro que habrá complicaciones a lo largo del proceso, pero si no fuera desafiante no valdría la pena hacerlo.

Tú sabes qué te gusta hacer. Es eso que siempre tienes que dejar de lado para hacer tu tarea. Luego, en cuanto tienes oportunidad, estás de regreso viendo videos de programación e intentando piratear las laptops de tus papás. O escribiendo tu blog. O haciendo *smoothies*. Así que toma en cuenta esos intereses y piensa cómo puedes dedicarte a ellos todo el tiempo. Ese debería ser el punto de partida de tu negocio: eso que tanto te encanta hacer y que buscas cómo robarle tiempo a todo lo demás para poder hacerlo. Si te encanta, seguirás haciéndolo hasta que te vuelvas buena en ello. Y si eres buena en ello, querrás pasar más tiempo haciéndolo. Una vez que lo domines, podrás convertirlo en una empresa exitosa.

Aquí es donde debes desplegar tu imaginación y pensar ampliamente cómo puede convertirse en un negocio lo que te gusta hacer. No te limites a emprendimientos que suenen a negocios tradicionales. Si cada vez que se reúnen, tú y tus amigas empiezan sacando una bolsa de ropa e intercambiando prendas, date cuenta de que quizá eso sea un nuevo negocio de fiestas de intercambio. Métele una pequeña cuota de entrada y un poco de comida, y tu idea se convierte en una noche divertida y rentable. El arte, la política, el trabajo sin fines de lucro, escribir: cualquiera de esas cosas puede ser tu plataforma de lanzamiento. Lo único que hace que algo cumpla los requisitos como el negocio correcto es que sea una cosa que disfrutes. Empecemos allí y lee los siguientes capítulos para averiguar cómo convertir lo que te gusta en algo a lo cual te dediques con entusiasmo. Ese algo es tu negocio y tú eres la *jefa*.

Para Neeka Mashouf, ese algo fue el automóvil solar.

Neeka

Siempre me ha apasionado la energía renovable, en especial la energía solar. Originalmente me enteré de las pilas fotovoltáicas cuando estaba en secundaria y de inmediato me emocionó e inspiró tanto que no podía dejar de pensar en todas las formas en que eso podría resolver problemas y ayudar a la gente. Si tratas de descubrir qué te apasiona, piensa en eso que te hace sentirte emocionada, curiosa o que te produce una sensación realmente intensa. También pienso que los problemas son las mejores oportunidades: un problema podría ser lo que te apasiona. Por ejemplo, a mí me interesan mucho los problemas relacionados con la energía global, la alimentación, el agua y los sistemas educativos.

Explorar tus intereses es una fantástica forma de descubrir tus pasiones. Eso es lo que mi equipo del automóvil solar me ha ayudado a hacer. La aplicación de la energía solar a algo como un coche es interesante para mí: si los autos pudieran impulsarse de manera renovable a través de la energía del sol, entonces eso tendría un gran potencial de causar un impacto. Este proyecto fue totalmente creado por estudiantes, lo dirigen estudiantes y se basa en desarrollar nuestra visión para el futuro del transporte limpio. Estamos haciendo cosas que nadie ha hecho antes, explorando una frontera desconocida que representa un desafío diario a nuestras habilidades como ingenieros y como líderes, pero nuestra pasión hace que persistamos.

Empieza haciendo una lista

Vamos, saca una hoja de papel y numera del 1 al 20 y, empieza a anotar las cosas que te gustaría hacer, o incluso las cosas que siempre quisiste hacer pero no has tenido oportunidad de llevar a cabo. Haz la lista sin limitarte. No te critiques ni te digas que no son dignas de convertirse en un negocio. Ya después nos haremos cargo de los cómos. ¿Qué cosas harías todos los días si no tuvieras otros planes? Tu lista puede incluir cosas como programar, salir a practicar senderismo, lanzarle una pelota a tu perro. Tal vez disfrutas leer las columnas de consejos de las revistas o las carreras de larga distancia. Lo que sea que te guste, ponlo por escrito.

Luego haz una nueva lista. Escribe cinco cosas que realmente te asustan. ¿Odias hablar con personas desconocidas? ¿Te desagrada hablar de ti misma? ¿Detestas estar encerrada en interiores? Esas cosas también son buenas para ti. Las cosas que te asustan no son razones para elegir o no un nuevo tipo de negocio. Son cosas que debes saber de ti misma desde el principio. Conocerlas te ayudará a lidiar con ellas y superarlas.

Ahora examina tu primera lista. Estas son las actividades que simplemente te encantan, que harías de manera gratuita y que preferirías hacer en lugar de casi cualquier otra cosa. También es probable que exista otra categoría entre los elementos de tu lista: las cosas para las que eres buena. Ser buena en algo puede ser razón suficiente para que te guste, pero al reconocer tus habilidades, distingues las actividades que simplemente te resultan divertidas de aquellas que puedes hacer mejor que los demás. Allí es donde puedes encontrar la semilla del negocio que empezarás y dirigirás.

Todo negocio empieza con una idea. No tiene que ser una idea que nunca se le haya ocurrido a nadie, pero sí tiene que ser una perspectiva original acerca de la idea.

Así es como a Chental-Song Bembry se le ocurrieron The Honey Bunch Kids.

Chental-Song

La inspiración llegó cuando tenía diez años. Me encantaba leer y escribir, y también me encantaba ver caricaturas. Pero ninguno de los personajes principales que veía en televisión se parecía a mí. Mis personajes Dizzy, Cheeks y Stuart están todos en sexto grado y tienen once años. Se basaron en mí, en mis amigos, mi familia y los niños que conocía en la escuela. Los tres personajes estaban empezando el sexto grado y no se conocían, pero se encontraron en la misma parada del autobús. Escribí sobre chicos de educación intermedia que aprendían a llevarse bien, explorando temas como el respeto, la empatía, por qué no debes intimidar a los demás y la presión de los compañeros.

En este momento estoy trabajando en convertir los libros en una serie animada para televisión y en una marca. Eso que tienen Dora la Exploradora y Bob Esponja es lo que quiero para los Honey Bunch Kids. Estoy trabajando en conseguir un trato para crear un cómic y encontrar una empresa de producción con la cual asociarme. Y tenemos un tema musical, la animación y unos pasos de baile geniales.

Identifica una necesidad

Suena tan obvio que a veces se nos olvida que las mejores ideas vienen de alguien que está buscando cómo resolver algo y piensa: *¿Por qué no existe un_____ para eso?* Si te estás preguntando por qué no existe una solución para un problema evidente, es probable que otros estén pensando lo mismo. Pregúntate: ¿Cuáles son los problemas grandes o pequeños que se me ocurren y que nadie ha resuelto todavía? Es posible que en tu lista tengas algunos problemas realmente grandes, como encontrar soluciones de combustibles alternativos y restaurar los mantos freáticos en áreas devastadas por la sequía. O podrías abordar un problema más pequeño, como por ejemplo: ¿por qué las medias no duran más?

Algunos retos se derivan de tus esperanzas para el mundo que nos rodea: menos contaminación, más árboles en áreas urbanas o acceso equitativo a los alimentos orgánicos. Otros son cuestión de pensar fuera de los límites establecidos.

Cuando Naama Raz-Yaseef inició su organización sin fines de lucro en Zimbabue, estaba tratando de resolver un problema muy concreto en un solo pueblo: cómo diseñar una bomba que subiera el agua del río por una colina inclinada y la llevara a las huertas. La comunidad necesitaba un sistema de irrigación, pero carecía de los recursos para la tan necesaria fuente de energía.

Naama

Mi solución fue muy sencilla: llevar bombas de irrigación que fueran realmente pequeñas y económicas. Son como las bombas de desagüe de los sótanos que muchos estadounidenses tienen en sus casas, pero como no había electricidad en este pueblo, decidimos instalar paneles solares móviles que cuestan menos de 100 dólares cada uno. La bomba succiona el agua del río y la impulsa hasta lo alto de la colina, desde donde un sistema de irrigación por goteo la lleva a las huertas. Es una solución funcional sencilla y muy conocida.

Yo creo en hacer las cosas a escala pequeña, trabajando con una comunidad específica y comprendiendo sus necesidades. Pusimos a prueba el sistema con las mujeres y las capacitamos para que se volvieran expertas. Ellas pueden capacitar a otras, con lo que se crea una fuente de ingresos para la comunidad.

Sólo una cosa más

Lo escuchamos todo el tiempo: ¡haz aquello que te encante! Y aunque es un gran consejo —¿quién no querría tener un empleo que le encante?— eso no lo es todo. La realidad es que trabajo es trabajo e incluso hacer aquello que amas conlleva muchas cosas que quizá no te agraden tanto. Tal vez incluso las odies. Eso está bien, sólo asegúrate de que puedas manejar el hecho de que estén incluidas en tu vida. Por ejemplo, si escribir te lleva a un nivel eufórico de libertad creativa, es posible que quieras encontrar un modo de convertirlo en tu negocio. Y deberías hacerlo. Escribe una novela, empieza un blog, crea una revista, haz una película. Sin embargo, date cuenta de que hay otros elementos implicados: vender tu trabajo, promocionarte a ti misma, negociar, lidiar con otras personas, que te digan que no, reescribir de acuerdo con las ideas de otras personas que no necesariamente se ajustan a las tuyas. Nadie está encantado con todo, todo el tiempo. De seguro habrá tropiezos y raspones en el proceso de lanzar cualquier cosa que decidas hacer. Así que comprométete contigo misma a perseverar a pesar de las cosas que no te gusten. Viene incluido en el paquete.

Enumera **10** trabajos
que desearías que existieran
¡Quizá ahora se hagan realidad!

1.

2.

3.

4.

5.

6.

7.

8.

9.

10.

Como descubrieron las Fe Maidens (Damas de hierro) de la Preparatoria de Ciencias del Bronx, la perseverancia reditúa.

Charlotte, capitana de equipo

Estar en un equipo de robótica es mucho trabajo. Nos reunimos dos veces por semana todo el año, y todos los días, menos el domingo, durante las seis semanas de la temporada de construcción. Ocupamos tiempo en casa para planear nuestras reuniones y nos privamos de fines de semana y veranos para poder hacer videollamadas en las que hablamos sobre diseño y estrategia. No obstante, al final, siempre vale la pena. A pesar de que en ocasiones la robótica puede ser frustrante —cuando nada funciona y la fecha límite se acerca—, cuando al final de esas seis semanas (afortunadamente) tienes un robot totalmente funcional que compite con equipos de todo el mundo, sabes que todo el tiempo y energía que invertiste te reditúo. Aunque quizá frecuentemente te hayas quedado despierta hasta muy tarde o no hayas podido pasar el rato con algunos de tus amigos, por lo menos pudiste estar con tus amigas del equipo, haciendo lo que te encanta.

Enumera 10 problemas
que necesiten soluciones

1. ....

2. ....

3. ....

4. ....

5. ....

6. ....

7. ....

8. ....

9. ....

10. ....

«Nadie que no esté
obsesionado cambia
al mundo».

———————————————

—BILLY JEAN KING, EX TENISTA PROFESIONAL
QUE LLEGÓ A SER LA NÚMERO UNO DEL MUNDO

Capítulo 3

Empresas emergentes que producen algo

Uno de los segmentos más básicos de nuestra economía se conoce como «bienes y servicios». Se trata de todas las cosas que la gente necesita y por las cuales paga, y que hacen que la economía marche de manera próspera. Sin embargo, ¿qué son los bienes y servicios?

Los bienes son cosas. Los elabora una persona o una máquina; puedes usarlos y sostenerlos en tus manos. Los aretes, las tartas de manzana, los jardines hidropónicos, el papel para computadora, las camisetas, los escáneres para la detección de enfermedades en la sangre, los automóviles solares: todos son bienes. Y para que estén disponibles para su compra, alguien tiene que producirlos. Eso requiere de materiales físicos y de un método de fabricación. No quiere decir que empieces tu negocio con una fábrica. Tú puedes ser tu propia fábrica al principio, pero lo que sí necesitas son suministros y un sitio donde guardarlo todo, así que tu negocio tendrá necesidades distintas como empresa emergente a las de un negocio que proporciona un servicio.

Si fabricas muebles a partir del reciclaje de puertas de graneros o serigrafías tus propios diseños en gorras para camioneros, estás produciendo bienes. Las consultas que da el dentista y las clases de arte son servicios. Si das asesoría a clientes sobre estrategias en redes sociales o compones temas musicales o escribes algoritmos para resolver problemas, tienes una empresa de servicios. En breve hablaremos más sobre los servicios, pero primero profundicemos en los negocios que venden bienes. Para empezar, necesitas algo que mostrarle al mundo. Necesitas que vean lo que puedes hacer.

Cómo se hace un prototipo

La palabra prototipo podría traer a tu mente la imagen de un complicado laboratorio, pero en realidad es simplemente algo que muestra a otras personas cómo es tu producto y qué puede hacer. Implica producir algunas muestras de tu trabajo.

Ya sea que se trate de un poncho impermeable, un programa de *software* que almacene contraseñas o una mezcla especial de jugos, necesitarás producir cuando menos una muestra para presentarla. Empieza experimentando. Usa los recursos que tengas en la escuela o en un curso extracurricular para sustituir las herramientas que quizá no tengas a mano en casa. Tal vez se te ocurrió crear un microscopio portátil y puedas usar el laboratorio de la escuela luego de clases para diseñarlo y construirlo. Utiliza cualquier recurso que tengas disponible para construir tu primer dispositivo funcional de muestra.

No te preocupes si tu diseño no resulta como lo planeaste en el momento en que cobre vida. Todos los productos pasan por un periodo de revisión y perfeccionamiento.

No olvides esa parte: disfruta el proceso. Nada de esto debería hacerte sentir como si estuvieras haciendo la peor tarea del mundo. Si es así, deja de hacer lo que estás haciendo. Si sientes que se te acabaron las ideas o que estás bloqueada en un sentido creativo, da un paso atrás y haz otra cosa que te guste —sal a correr, cocina algo delicioso, invita a tus amigas al cine— y luego, cuando te sientas renovada, intenta de nuevo. Intenta una y otra vez. Quizá estés elaborando un nuevo estuche para iPhone con un tipo especial de caucho que también funcione para borrar marcas de lápiz o que quite huellas de manos de las paredes. Empieza mezclando tu receta de caucho e intenta con diferentes pesos, tamaños y formas hasta que encuentres la mejor versión que puedas mostrarle a otras personas.

Así fue como a Gabrielle Jordan se le ocurrió la idea de Jewelz of Jordan cuando tenía nueve años y cómo hace sus prototipos en la actualidad.

Gabrielle

Cuando era muy pequeña, me empezó a atraer la joyería. Iba al tocador donde mi mamá tenía sus joyas y miraba sus alhajas y quería ponérmelas para andar por toda la casa con ellas. Sin embargo, la diferencia entre yo y otras niñas a las que les gustaban las joyas era que cuando veía un arete roto sobre el tocador de mi mamá o en la calle, de inmediato se me ocurría una idea de lo que podría hacer con él. Cuando tenía siete años me enteré de la existencia de YouTube, así que todos los días entraba para ver videos de joyería, mirar distintos diseños y aprender de forma autodidacta. Siempre me atrajeron los estilos muy exclusivos, elegantes y clásicos. Me encantaba esa apariencia y a eso fue a lo que decidí dedicarme.

Cuando estoy creando una pieza de joyería, el proceso empieza con averiguar cuál debe ser el diseño. Cómo queremos que se vea y cómo atraerá a nuestro mercado. No soy una gran dibujante, pero puedo representar lo que trato de diseñar y uso plumas y papel y una plataforma digital, porque es más fácil de entender. Determino cómo quiero que represente la línea para la temporada.

Además, voy a las exposiciones de gemas y joyería. La gente tiene *stands* con grandes variedades de piedras, broches y separadores. Uso cristales y perlas de alta calidad, y piedras preciosas y semipreciosas. Determinamos los colores con los que queremos trabajar y buscamos las cuentas que van mejor con el diseño. Esta parte es divertida: lograr que cobre vida una creación, ver lo que vamos a crear. Luego regresamos al estudio y empezamos a disponer cómo queremos que se vean las cosas. A veces el dibujo no se ve tan bien como esperamos, así que borramos mucho y tratamos de nuevo, en un constante ir y venir. Realmente me gusta el proceso porque la creatividad constituye una parte importante de mí.

Si estás haciendo algo que involucra alimentos, por ejemplo, el momento de hacer el prototipo es cuando determinas las recetas. ¿Haces granola orgánica? Prueba todas las diferentes combinaciones hasta que tengas varias realmente buenas. Ponlas a prueba con todos tus conocidos. Anota tus recetas. Define cuál será tu empaque. Cuando tengas oportunidad de presentarle por primera vez tu producto a alguien, da una buena impresión. Lleva tus galletas a una fiesta y sírvelas de postre. Presta atención a cómo reacciona la gente. ¿Quién se las come? ¿Sólo los niños? ¿Les quitan las chispas de chocolate y se las comen primero o van directo a comerse el centro suave? Ese es el tipo de investigación por el que las compañías pagan mucho dinero, así que no pierdas la oportunidad de obtener información gratis.

Busca la variedad

Cuando empieces a vender tu idea, exhíbela bien. Tómate el tiempo de crear por anticipado distintos prototipos. Algunas personas tienen dificultades cuando se trata de imaginar posibilidades. En lugar de simplemente hablar sobre lo que puede hacer un microscopio portátil, haz una demostración a los clientes potenciales. En lugar de llevar una sencilla camita para perros en tela a cuadros y decirle al dueño de la tienda que puedes hacer camas más grandes en pana, u otras con bolsas e incluso otras para gatos que incluyen juguetes cosidos a la cama, lleva ejemplos de todo lo que puedas hacer. No des oportunidad a que nadie imagine algo incorrecto o suponga que en realidad no eres capaz de hacer lo que prometes cuando sabes que sí puedes.

Si haces impresión en serigrafía en sudaderas, muestra los diseños en el frente, la espalda y las mangas. Muestra diseños para niños, mujeres y hombres. Personaliza algunos y ofrece opciones. Si haces *cupcakes*, lleva de varios sabores; lleva en la caja sólo los más bonitos y decóralo todo.

No te adelantes con preocupaciones sobre presupuestos de capital o integración vertical (sí, esas cosas son reales). Simplemente empieza a fabricar tu producto. Cose una falda, escribe una novela gráfica, construye un modelo funcional, compón un concierto, fabrica un carrito con una ratonera. Resuelve los errores de cálculo y refina tu concepto. Al principio de tu emprendimiento comercial, enfócate en su potencial.

Hablemos literalmente de tuercas y tornillos

Necesitarás suministros. Quizá tengas que ir a la ferretería o a la tienda de materiales de arte. O tal vez a la carpintería. Averigua dónde puedes conseguir lo que necesitas al mejor precio. Empieza haciendo una comparación de precios en línea y en las tiendas físicas. No olvides calcular los costos de envío de esos materiales aparentemente muy baratos. No te sirve de nada encontrar una pistola de pegamento con 50 barras de silicón en 1.99 dólares cuando te costará 13.99 dólares el envío. Te conviene más comprar una en 5.99 dólares en la tienda local de materiales para arte.

Es posible que esto no tenga importancia para las pequeñas muestras de tu producto, pero cuando tengas pedidos de docenas o miles, necesitarás saber dónde puedes conseguir tus suministros al mayoreo. Para poder tomar decisiones inteligentes en cuanto a gastos, tendrás que tener un costo preciso de lo que se necesita para producir no sólo un artículo fabuloso, sino muchos. No olvides considerar los costos intangibles —como el tiempo que te lleva hacer cada artículo— o los gastos generales, como la renta de maquinaria o de áreas de trabajo.

Lo que estás creando podría ser arte

No todo está siempre bien definido. Sabes que si produces bufandas con trozos reciclados de suéteres de cachemira estás haciendo un producto que puedes tener en tus manos. Es una cosa tangible.

Sin embargo, ¿qué pasa si lo que haces es un performance? ¿Sólo se puede considerar como empresa emergente si estás iniciando una compañía teatral o un festival de teatro, o también lo es si estás lanzando tu carrera de actuación? Creo que ya sabes la respuesta, pero para no dejar lugar a dudas, el hecho de crear un producto artístico —ya sea en una hoja de papel o en un performance— cuenta. Por supuesto que es una empresa emergente. Te estás lanzando a ti y a tu talento —la expresión de algo que quieres compartir— ante el mundo y lo estás dando a conocer a la gente que te puede contratar o pagarte para que les cantes o hagas actos de magia en la apertura de un centro comercial.

Cómo combinar el arte con los negocios

Cuando eres creativa y talentosa, prácticamente no existe nada mejor que dedicarte a tu arte de tiempo completo. Ya seas pintora, música o dramaturga, tú eres la *jefa* y eres tu propia jefa. Hay retos específicos que acompañan al hecho de convertir algo creativo —que tal vez sea tu pasión— en un trabajo. A veces te criticarán y lo sentirás como un asunto personal. A veces te esforzarás y eso hará que dudes de si eres tan talentosa como otras personas.

También necesitarás tener una mentalidad empresarial sobre algo que es, en esencia, arte. Puede ser complicado. Cuando quieras que te paguen por escribir tu blog, deberás tomar en cuenta lo que los anunciantes (que probablemente serán tu fuente de ingresos) tienen que decir. Es posible que quieran influir en tu visión editorial. En otras palabras, si una empresa que vende lápices labiales pagará por poner su anuncio en tu blog, quizá no quieran que escribas sobre lo maravilloso que es no usar maquillaje. Entiendes a lo que me refiero. Cuando las actividades comerciales se encuentran con el arte, es posible que la actividad artística se vea comprometida. Eso no quiere decir que dejes que tu visión editorial se vuelva rehén de don Dinero. Encontrarás tus propios límites que definirán aquello en lo que estás dispuesta o no a transigir. Esa es una decisión personal y siempre y cuando estés consciente del potencial de un conflicto de intereses, podrás resolver los desafíos.

Lo mismo se aplica a tu negocio de fotografía. Es posible que te encante tomar fotos espontáneas y líricas de tus objetivos, pero quizá tu primer par de clientes sean escuelas que quieren a los niños sentados en sillas para la fotografía escolar. ¿Rechazas el contrato y te mantienes fiel a tu estética artística o dices que sí al dinero y tomas las fotos del modo que las quiere el cliente?

En ocasiones, recibir un pago como artista puede implicar la necesidad de ceder, pero no tienes que sentir que te estás vendiendo simplemente porque un editor tenga sus propias opiniones o un cliente crea saber más que tú acerca de lo que son los interludios musicales. Puedes hacer tanto el arte que te encanta como el arte que es negocio, creando obras que son de tu autoría al igual que trabajos que te encargan tus clientes.

Recuerda que toda persona que realiza una actividad artística atraviesa por lo mismo que tú experimentas. De modo que comparte tus éxitos y fracasos con otros artistas que entiendan la situación. Te recordarán que desarrollar tu talento artístico requiere de esfuerzo intenso y de una constante disposición a exhibirte a ti misma y a tu arte para que los demás los vean, juzguen y evalúen. Necesitas desarrollar una coraza y estar dispuesta a seguir adelante por el tiempo que se requiera.

> *Como música que se gana la vida en la ciudad de Nueva York, Alyson Greenfield tuvo que aprender el arte de transigir.*

Alyson

Ser una soñadora es algo realmente hermoso: necesitas tener un poco la cabeza en las nubes y ser capaz de ver algo que no existe. A veces esa cualidad me ha ayudado a llevar a cabo las cosas que he hecho porque estoy abierta. Sin embargo, la gente no entiende que el talento es sólo una parte del éxito. También existen otros muchos componentes. Aunque no llegues al nivel que consideras que deberías tener o querrías tener, el asunto no tiene que ver con tu nivel de talento. En Nueva York, que es donde vivo, existen más músicos talentosos que los que podrías siquiera imaginar. La mayoría de la gente no sabe quiénes son. Eso no es porque no sean buenos. Hay una industria y un comercio, y es difícil.

Tú no eres tu empresa emergente

Este es un buen momento para hablar sobre la diferencia que existe entre lo que tú eres y lo que estás creando. En apariencia sonaría obvio, pero piénsalo: tu producto es más que simplemente lo que metes en la caja o bolsa; es parte de ti. Es algo preciado que expones para que otros lo consuman. Así es, ya sea que hagas glaseado de crema de mantequilla para pasteles o escribas una novela. Te gustaría que otras personas lo quieran. Desearías que lo compraran. Y a veces es doloroso que no lo hagan.

Es fácil quedar atorado en el «qué tal si». ¿Qué tal si nadie quiere comprar mis bufandas tejidas? ¿Qué tal si alguien piensa que no tengo talento? ¿Qué tal si no soy tan creativa y talentosa como creo que soy?

Las dudas sobre ti misma no te llevan muy lejos. Es bueno tener un poco de duda para impedir que tu ego se infle sin control. Sin embargo, después de una dosis, deja pasar el resto. No permitas que tus miedos te impidan salir por la puerta con tus fabulosos nuevos programas para computadora o que alguien lea tus poemas. Todos atravesamos por momentos en los que dudamos de nosotros mismos, pero necesitas separar el miedo y la inseguridad de la creación misma. Permite que tu talento e impulso —y tus preciosas bufandas tejidas, tus geniales aretes colgantes o tu diseño innovador de un videojuego— hablen por sí solos.

Siempre recuerda que eres una persona con muchos y fabulosos atributos, creatividad, visión y agallas. Aunque una idea no tenga éxito, eso no significa que no seas exitosa. Y si un producto llega a la cúspide, eso no significa que tu ser creativo sea cuestión de suerte y que seas una estrella efímera que nunca tendrá de nuevo el mismo tipo de éxito. Tú, tus habilidades y tu determinación son las cosas que no cambian con el vaivén de los negocios. Tus ideas y creaciones vienen de ti, pero no son tú. No te definen a ti ni a tus habilidades, así que no dejes que adquieran más importancia de la que merecen. El trabajo duro y la perseverancia importan más que el solo talento.

¡Crea tu marca!

Antes de que presentes tu creación ante el mundo, piensa cómo dar una estupenda primera impresión. La apariencia y textura de tu producto tienen que ser únicos. Digamos que tu intensa afición al *snowboarding* reveló la necesidad de unas pañoletas súper calientitas y creaste tres docenas de ellas en lana sintética suave. Ahora quieres empacarlas y que la gente te las compre. Necesitas tener una visión para tu marca: una presentación única que atraiga a compradores potenciales.

Tres reglas de oro

Consistencia: Cuando la gente compre tus pañoletas, deberían confiar en que obtendrán siempre el mismo diseño fabuloso y la misma calidez. Piensa en la razón por la que una compañía como Starbucks tiene tanto éxito: puedes entrar en cualquier Starbucks de cualquier ciudad y tener una experiencia idéntica. Tu cliente obtiene una sensación de confort al saber que cada vez que se ponga tu producto, disfrutará de un recorrido calientito mientras monta en su tabla. No cambies de pronto a una mezcla rasposa de lana ni uses lana sintética más barata que podría causar irritación.

Accesibilidad: No ocultes tus pañoletas para *snowboarding* en cajas blancas selladas donde la gente sólo pueda imaginar lo bonitas que se ven. Usa envolturas de celofán o preséntalas en una canasta. La gente compra cosas porque se ven atractivas. Pueden imaginarse llevando puesto el collar que ven colgado junto a la caja registradora. Pueden imaginar el sabor de la galleta cuando ven las moras azules que sobresalen de su corteza dorada y azucarada. De nuevo, acuérdate de Starbucks. ¿Crees que es casualidad que tengas que pararte frente a los pasteles y cuernitos de mantequilla mientras esperas tu pedido, y que esos postres deliciosos estén justo al nivel de tu mirada? Todo el tiempo que esperas tu café, estás mirando con ojos de antojo los productos de pastelería, que están bellamente presentados en platos de cerámica bajo atractivas luces. Puedes usar los mismos trucos comerciales. No oscurezcas tu producto al ocultarlo. Deja que se venda por sí solo.

Imagen: Un empaque atractivo y un logo interesante pueden darle otra dimensión totalmente diferente a tu producto. Allí es donde tu creatividad te reditúa ganancias. Inventa un nombre atractivo y único para tu empresa. Los *cupcakes* Sprinkles iniciaron una revolución. Eran pastelillos aburridos para fiestas de cumpleaños cuando Candace Nelson empezó a hornearlos. Creó sabores que nadie había visto, atrayendo a los clientes con una máquina expendedora de *cupcakes* afuera de la tienda, y redefinió la historia. La gente hacía filas afuera de la tienda porque ella creó un postre que ansiaban comprar y que tenía un nombre atractivo. Estos pastelillos, que habían sido un bocadillo genérico en los supermercados, tenían ahora una distinción especial cuando estaban dentro de una caja de Sprinkles.

Vuélvelo sostenible para ti en este mismo instante

La regla número uno para lanzar algo que será exitoso es convertirlo en una cosa que puedas integrar a tu vida. Si estas tomando todas las materias en la escuela y jugando con dos clubes deportivos, además de tocar un instrumento, es posible que en este momento no tengas la capacidad de procesamiento para la empresa emergente de tus sueños. Eso está bien. Aún así puedes empezar.

Sé realista sobre cuánto tiempo puedes dedicarle a algo, pero no permitas que el temor de no tener tiempo te detenga. Encuentra una manera de integrar lo que quieres hacer. Si eso significa tomar un periodo de receso durante el año escolar y dedicarte de lleno al proyecto en el verano, hazlo. O si implica pedir a un amigo o miembro de tu familia que te ayude, considera si puedes compartir la carga. No todo tiene que hacerse de inmediato. Todas nuestras Jefas que se han dedicado a sus emprendimientos mientras estaban en la escuela enfrentaron esos retos. Encontraron maneras de hacer las cosas y de seguir manteniendo altas sus calificaciones. A veces parece un sacrificio, pero esa es la vida del estudiante. Es un tremendo acto de equilibrismo y tú puedes manejarlo.

Deepika Bodapati enfrentó ese reto en sus años de prepa-
ratoria y universidad mientras diseñaba proyectos para
las ferias de ciencias con aplicaciones para el mundo real,
lo cual finalmente condujo a que cofundara una compañía
que desarrolló un exitoso dispositivo portátil de detección
de enfermedades en la sangre.

Deepika

Lidiar con tener que viajar de un lado a otro y asistir a la escuela es difícil. Antes me pasaba todo el día haciendo un proyecto de laboratorio. Ahora, si tengo suerte, lo hago en el avión o una hora después de llegar de viaje antes de dormir para poder entregarlo al día siguiente. El trabajo no es difícil, pero es complicado lidiar con todo. Cuando trabajas en algo que te emociona tanto, todo va bien cuando las cosas marchan bien, pero cuando van mal, lo único que quieres hacer es dedicarte al proyecto. Yo siempre quiero dedicarme a eso. Siempre falta algo por hacer. El asunto se reduce a moverse deprisa y eso ha sido lo más difícil.

Tienes que tomar conciencia de que el tiempo que pasas en la escuela interferirá con el trabajo y que el tiempo que no pasas dedicándote a tus estudios tendrá un impacto en ellos.

Revisa y perfecciona

La idea con la que comienzas quizá no sea exactamente lo mismo que con lo que termines. Iniciar cualquier cosa es un proceso en el que observas las cosas que funcionan y las que no. La ventaja de empezar en pequeño y lanzarte dentro de tu propio entorno conocido es que te libera para sacudirte los errores y redirigirte. Tal vez tu negocio también necesite cambiar y adaptarse con el tiempo; lo que te funcionó al principio podría no ser siempre la mejor manera de manejar tu negocio.

Niharika Bedekar fundó su organización, Power Up, mientras aún estaba en secundaria. A medida que creció y cambió, Power Up empezó a evolucionar en consecuencia.

Niharika

Cuando llegué a la universidad me di cuenta de que gran parte del trabajo que hice en la preparatoria fue hablar personalmente con las chicas, las Girl Scouts, donde yo les impartía conocimientos. Con el paso del tiempo, eso será un modelo menos sustentable. Ahora estoy averiguando cómo dar mejor uso a las lecciones que aprendí sobre las cosas que funcionaron muy bien con el propósito de desarrollar algo más sostenible. Soy fanática del poder de la narrativa. Quiero hablar con la gente, con las niñas, y decirles que todo va a salir bien mientras atraviesan la pubertad. Es un proceso extraño y atemorizante, pero todos en la naturaleza hemos pasado por él. Existe un grupo de apoyo colectivo.

Sólo una cosa más

Es completamente posible que no estés lista todavía para empezar algo. No todos tienen una empresa emergente en su mente o una app lista para ser creada, por lo menos no aún. ¿Eso significa que tienes que dejar de leer en este instante y esperar a que te llegue la inspiración en alguna fecha futura? No.

Empieza ahora haciendo algo que te acerque a lo que podría gustarte hacer. Aunque no estés lista para lanzar algo por ti sola, inicia recopilando información y familiarizándote con lo que hay en diferentes industrias. Las pasantías o los trabajos de verano son formas estupendas de lograrlo, al igual que las clases o proyectos de servicios comunitarios luego de salir de clases. Piensa en grande, pero siempre debes estar dispuesta a hacer trabajos menores o prácticas que parezcan un tanto alejadas de lo que te gustaría estar haciendo. Podrían enseñarte grandes habilidades o convertirse en trabajos más importantes o guiarte en una dirección que pueda cambiar tu vida. Puedes buscar de manera específica en la sección de Oportunidades laborales en los sitios web de la mayoría de las empresas, donde se publican oportunidades de empleo pagado y no pagado, junto con descripciones de las características que se buscan en un solicitante. Así que si eres una programadora a la que le encanta jugar videojuegos, puedes buscar en los listados de empleo de una empresa como Riot Games o en el tablero de anuncios de empleo de la facultad de ingeniería en una universidad cercana para encontrar publicaciones en las que soliciten gente con tus habilidades.

Chelsea Siler siguió esta ruta de «simplemente comienza» para alcanzar su puesto final como directora de comunicaciones en la Canadian Broadcasting Company/Radio Canada, al igual que como propietaria de su propia compañía de relaciones públicas y mercadotecnia.

Chelsea

Acepté un empleo que sabía que no me gustaría, trabajando para una compañía de petróleo y gas. Sabía que sólo era un empleo, un cheque a fin de quincena. Sin embargo, al mismo tiempo abrí mi propia compañía. Registré mi negocio y obtuve una cédula de identificación fiscal, y realizaba las juntas fuera del horario regular de trabajo. Seguí aprendiendo para actualizar mis habilidades fuera del trabajo y acepté contratos como profesionista independiente en las tardes y fines de semana.

Solía preguntar a los amigos de mis amigos si necesitaban que les hiciera algún contrato. Ese era un negocio para mí, algo sobre lo que tenía el control y me sorprendió agradablemente la cantidad de trabajo que conseguí. Todavía tengo la compañía, que se llama Five & Vine, y hago trabajos como *freelance* en relaciones públicas, comunicaciones, servicios de medios, planes de negocios y planes para redes sociales.

Las pasantías en preparatoria pusieron a Neeka Mashouf en camino a su trabajo actual como fabricante de automóviles solares y fundadora de una empresa emergente dirigida a proveer de energía renovable a personas de todo el mundo que no tienen acceso a la electricidad.

Neeka

En preparatoria tuve grandes oportunidades de hacer algunas pasantías asombrosas que moldearon mi interés emprendedor alrededor de mi pasión por la ciencia y la ingeniería. Mi primera práctica fue en una empresa emergente de biocombustible derivado de las algas. Trabajé con las manos metidas en algas verdes y viscosas en un laboratorio que desarrollaba biocombustibles. Observé que el director general tenía la absoluta convicción de que los biocombustibles cambiarían al mundo y que estaba trabajando en su sueño para convertirlo en realidad. Al trabajar allí me di cuenta de que podía verme a mí misma haciendo algo parecido con mis propias ideas.

La siguiente pasantía en preparatoria fue trabajar para el Laboratorio Nacional Lawrence Berkeley, desarrollando materiales para la fotosíntesis artificial. Ayudé a desarrollar un material que utilizaba la luz solar para descomponer el agua y liberar hidrógeno, el cual podía utilizarse como combustible para las celdas de combustible. La experiencia práctica que obtuve al trabajar en tecnologías revolucionarias fue increíble. Aprendí que cualquiera puede generar un cambio, moldear el futuro y desarrollar cosas fantásticas que le apasionen. La gente con la que trabajé sentía gran pasión y quería mejorar al mundo, y eso era lo que estaban haciendo.

«He llegado a la conclusión de que cada uno de nosotros tiene una vocación personal que es tan única como una huella digital y que la mejor manera de alcanzar el éxito es descubrir lo que amas y luego encontrar un modo de ofrecerlo a los demás en forma de servicio, trabajando con ahínco y también permitiendo que la energía del universo te conduzca».

—OPRAH WINFREY, EMPRESARIA E ÍCONO DE LOS MEDIOS DE COMUNICACIÓN.

Capítulo 4

Empresas emergentes de ideas

También conocidas como empresas de servicios

S i tienes una empresa de ideas o de servicios —política, diseño web, consultoría para empresas ecológicas, clases de matemáticas, cambio de imagen, actuación— lo que vendes es un servicio: algo que puedes hacer por otra persona. A veces, lo que vendes parece un negocio más obvio, como pintar murales o tomar fotos de eventos. En otras ocasiones, es posible que te preguntes si el blog de política que escribes a diario o tu programa de judo para adolescentes en riesgo cuentan como empresas. Pues sí lo son.

Las empresas de servicios o de ideas a menudo tienen bajos costos iniciales. A diferencia de los negocios basados en bienes, no tienes que comprar un montón de suministros o equipo. Un fabricante de bicicletas portátiles necesitaría ruedas, metal y herramientas. Un fabricante de papelería requeriría una imprenta tipográfica y una enorme cantidad de papel y tinta. Por otro lado, una escritora, ya sea que empiece un blog o que escriba una serie de cuentos que algún día conformarán un libro, sólo necesita tiempo e ideas. Una asesora, quizá una que ofrece servicios de diseño de dormitorios o una diseñadora que hace páginas web o crea logos personalizados, sólo necesita una computadora, un sitio en el cual trabajar y, quizá, algún *software*.

Algunas empresas de servicios sí requieren equipo. Si eres fotógrafa de eventos, necesitarás una cámara. Si tienes un servicio de cuidado y mantenimiento de autos, necesitarás jabón, cera y cubetas. Pero, en general, proporcionas un servicio para alguien más. La gente te contratará si puedes hacer el trabajo mejor de lo que ellos lo hacen por sí solos o si están demasiado ocupados para hacerlo. Tendrás que darles muestras o una lista de servicios, pero el servicio que proporciones es algo que sabes cómo hacer.

Una empresa de ideas comienza con una idea que te guste *a ti*. Piensa en tus habilidades y en lo que disfrutas. Por ejemplo, escribir o diseñar: puedes ser bloguera, diseñadora web, escritora independiente de artículos o artista gráfica. Es posible que tus habilidades te parezcan obvias, pero que sea fácil y divertido tallar una elaborada calabaza de Halloween, no significa que sea fácil para los demás. Mucha gente puede escribir, dibujar o entender la tecnología. Si tienes esas habilidades, puedes trabajar para otras personas. ¿Qué mejor negocio existe? Corvida Raven empezó un boletín tecnológico en línea llamado shegeeks.net para traducir las últimas tendencias en tecnología a palabras sencillas que todos pudiéramos entender. Fue un concepto simple que se convirtió en un enorme éxito.

¿Qué tipos de negocios de servicios puedes empezar? Empieza pensando como si fueras una persona muy ocupada. ¿Cuáles son las cinco cosas principales para las que una persona ocupada no tiene tiempo? ¿Hacer encargos? Perfecto. Puedes comenzar un negocio como asistente personal o ayudante. Si tienes un auto o bicicleta, puedes ofrecerte a recoger la ropa de la tintorería, hacer las compras o comprar regalos de cumpleaños, y listo: nació un negocio.

Todos tratamos de hacer muchas tareas al mismo tiempo, pero las cosas que tenemos que hacer tienen la costumbre de apilarse en nuestras listas de obligaciones y a quedarse allí por mucho tiempo. ¿En qué otra cosa podría necesitar ayuda una persona muy ocupada? ¿Pasear al perro, cocinar cenas balanceadas, llevar a los niños a sus prácticas de deportes? Así es como nacieron Blue Apron y TaskRabbit. Puedes convertir las necesidades de los demás en ideas para un negocio.

Vende tu servicio. Las empresas de ideas enfrentan el desafío de vender algo intangible. A veces necesitan más explicación, como una presentación en diapositivas o un video breve para mostrarle a la gente cómo trabajan. Cuando presentes tu servicio a otras personas, asegúrate de que entiendan con exactitud qué puedes hacer por ellos y por qué deberían contratarte. Para desarrollar una empresa de servicios es posible que necesites enfocarte más en los esfuerzos de mercadotecnia para que tu servicio se perciba como un producto.

Juliette Brindak Blake tenía apenas 13 años cuando creó su empresa de ideas, Miss O and Friends, un sitio seguro de redes sociales para niñas preadolescentes.

Juliette

Cuando empezó no era un negocio. Los personajes de Miss O iniciaron como dibujos. Era básicamente un pasatiempo que mi mamá, mi hermana Olivia y yo teníamos. Luego, para el octavo cumpleaños de Olivia, mi mamá y yo hicimos los personajes de Miss O para todas las amigas de mi hermana y se volvieron locas. Les encantaron. Para entonces yo tenía 13 años, mi hermana tenía ocho y ese es el momento cuando las cosas empiezan a ponerse un poco difíciles para las niñas. Se forman grupitos en la escuela al mismo tiempo que ocurren cambios físicos y emocionales. Era simplemente muy estresante. Así que pensé que deberíamos empezar a hacer algo por estas niñas.

¿Eres un híbrido?

¿Tienes un negocio que combina varias cosas? Muchas empresas tienen un componente de bienes y uno de servicios. Podrías empezar haciendo acuarelas con temas deportivos para las habitaciones de los niños, pero quizá después decidas crear una línea de papelería y tarjetas de agradecimiento con tus diseños. Una fotógrafa podría vender libros ilustrados de gran formato. Una *Youtuber* podría crear videos educativos y producir una serie por internet.

Piensa en los productos derivados que podrían ser un apoyo para tu negocio y que podrían proporcionarte ingresos adicionales. No tienes que dedicarte a ellos en este momento, pero una parte de pensar en grande consiste en permitirte tomar rutas interesantes si se abren, dar seguimiento a nuevas oportunidades y pensar hacia dónde irás cuando alcances las metas que te has puesto ahora.

Cuando Deepika Bodapati y su socio iniciaron su empresa Athelas, estaban creando un producto que realizaba un servicio. Eso los colocó con un pie en ambos mundos, donde necesitan refinar las especificaciones del producto en sí, al mismo tiempo que deben explicar cómo le puede servir a los médicos y a comunidades enteras.

Deepika

Athelas es una empresa de análisis de sangre que aprovecha la visión artificial y el aprendizaje automático para analizar la sangre y emitir un diagnóstico. Eliminamos un proceso de 24 horas. Cuando estás enfermo y una enfermera checa tus signos vitales, como tu frecuencia cardiaca, la enfermera te pincha un dedo y pone una tira reactiva de prueba junto a la punción para tomar un poco de sangre. Luego la tira reactiva se inserta en el dispositivo y un algoritmo *back-end* usará una cámara para tomar un montón de instantáneas de modo que tengamos múltiples campos de visión. Podemos describir esa muestra para luego entregar un diagnóstico. El cartucho tiene un sistema automático que analiza los contenidos de la muestra de sangre. Es un dispositivo basado en la visión artificial en lugar de un dispositivo basado en el análisis químico.

Con una gota de sangre puedes determinar qué tiene la persona. Es como un termómetro y es una de las primeras acciones que se realiza. Podemos equipar a los médicos con esta tira reactiva. Incluso una lectura rápida aumenta lo que el médico puede hacer en una consulta: determinar reacciones alérgicas, buscar infecciones bacterianas o virales, mononucleosis, anemia, drepanocitosis, leucemia.

Encuentra tu nicho

Eres poderosa y estás motivada, pero ni siquiera tú puedes serlo todo para todas las personas, todo el tiempo. Mientras más te conozcas a ti misma y más especializado sea el servicio que ofrezcas, más fácil será decirle a un futuro cliente, representante o fuente potencial de ingresos lo que eres capaz de hacer. No tienes que especializarte de inmediato.

A los 23 años, Alex Douwes y Nellie Morris fundaron Purpose Generation, una compañía de consultoría que enseña a las empresas cómo atraer a los milenials.

Nellie y Alex

Al principio aceptamos todos los proyectos posibles, aunque no tuvieran nada que ver con nuestra audiencia objetivo. Ciertamente aprendimos mucho en el proceso, pero fue difícil mantenernos enfocadas o escalar, porque perseguíamos cada centavo. En cuanto definimos lo que hacíamos y, todavía más importante, lo que no hacíamos, despegamos. Ahora tenemos una presentación más concisa de nuestra oferta y podemos enfocarnos en lo que mejor hacemos.

¿Tienes que ganar dinero para ser una empresa emergente? No

Las empresas que no están en el negocio de generar ganancias se llaman, con toda razón, sin fines de lucro. Las organizaciones sin fines de lucro necesitan generar únicamente los fondos suficientes para operar y, por definición, no tiene que quedarles ningún dinero adicional. Las organizaciones sin fines de lucro pueden solicitar dinero de subvenciones (en tanto que los negocios comerciales no pueden hacerlo), lo cual significa que la gente y las instituciones que dan fondos obtienen una deducción fiscal al hacerlo y, en consecuencia, tienen un mayor incentivo para ayudarte. Hay muchas instituciones, grandes y pequeñas, que proporcionan dinero a las organizaciones sin fines de lucro. La desventaja es que hay muchas organizaciones que compiten por ese dinero.

Es mejor comenzar con las fundaciones locales que donan a las organizaciones en tu campo. Empieza buscando en internet instituciones específicas que ofrecen subvenciones y los requisitos para solicitarlas.

Para aceptar donativos, tu organización sin fines de lucro necesita establecerse como empresa, lo cual te proporcionará una cédula de identificación fiscal y un estatus de exención de impuestos. También tendrás que abrir una cuenta bancaria para depositar los fondos que recibas. Hay muchos recursos en línea que explican el proceso.

> *Priscilla Guo acudió con el gobierno local para iniciar su programa sin fines de lucro dedicado a la enseñanza de lenguajes de programación a estudiantes de educación intermedia de bajos recursos en Harlem.*

Priscilla

Para mí es realmente importante retribuir en el futuro. Cuando blogueaba acerca de la reforma educativa para la New York Campaign for Achievement Now (NYCAN), me asombraron las estadísticas que encontré sobre cuántas personas, tan sólo en Nueva York, no tienen acceso a cursos de ciencias informáticas o son analfabetas en términos digitales. En 2013 testifiqué sobre el tema ante la interagencia de la ciudad de Nueva York que coordinaba las juntas del consejo, y Jeanne Mullgrav, comisionada del Departamento de Desarrollo Juvenil y Comunitario de esa ciudad, aprobó mi propuesta de instituir un programa de lenguajes de programación para estudiantes de enseñanza intermedia. Empecé ese programa, llamado NYC TechY, en Harlem en el verano de 2014 y cada verano enseñamos a los estudiantes los elementos básicos de programación y habilidades técnicas. El programa ha tenido tanto éxito que ahora se amplió a Ravenswood, en la parte occidental de Queens.

En mi primer año llevé a los alumnos a Google para una visita y un recorrido por la empresa. Estaban asombrados y no podían creer que la gente pudiera dedicarse a eso como profesión. Me dijeron que las únicas personas que tenían vidas exitosas y que se parecían a ellos estaban en la industria musical o teniendo grandes logros en los deportes. Si no expones a los chicos a un conjunto diverso de carreras potenciales, no saben cuál es el camino al éxito. Mis estudiantes tenían muchas ideas sobre aplicaciones para teléfono celular que querían programar y herramientas digitales que querían crear. Después de ver de primera mano lo que es una carrera en el mundo de la tecnología, tuvieron la motivación para proseguir con sus estudios en informática. Necesitamos sus perspectivas en la industria tecnológica, porque ellos pueden empezar a resolver algunos de los problemas más difíciles del mundo.

Servicio público

En esencia, el servicio público se refiere a ayudar a los demás. Existen muchas maneras de hacerlo. Algunas grandes compañías alcanzan el sueño capitalista y luego apartan dinero para fundaciones que subvencionan investigaciones y ayudan a las personas necesitadas. La Fundación Bill Gates es una de las más grandes, al haber donado más de 36 000 millones de dólares desde que empezó en el año 2000. Piensa en las maneras en que puedes retribuir, aunque tu negocio sea pequeño, como donando un porcentaje de tus ventas a una causa digna.

También puedes crear desde ahora un proyecto o emprendimiento relacionado con el servicio público. Las organizaciones sin fines de lucro aceptan dinero de donativos y lo dirigen específicamente a ayudar a otros. Ya sea que eso signifique empezar una recolección de abrigos para el invierno o crear un huerto comunitario, tu empresa emergente puede crecer con la misión de ayudar a los demás.

Luego de enterarse de que en la zona rural de Zimbabue llueve sólo un par de meses al año y que las mujeres se esforzaban por cultivar alimentos básicos en las temporadas de mayor sequía, Naama Raz-Yaseef usó sus habilidades como ecohidróloga para desarrollar un sistema simple y asequible de irrigación que permite que esas mujeres lleven agua a sus cultivos todo el año.

Naama

En mi trabajo principal me había enfocado en la ecohidrología, que estudia cómo se redistribuye el agua en el ecosistema. Estudiaba la lluvia: ¿A dónde va? ¿Quién la usa primero? ¿Cómo se redistribuye en el ecosistema? Intentaba comprender qué sucederá en el futuro. Regresaba al laboratorio y analizaba los datos. Pensaba que mi trabajo era parecido a ser una psicóloga ambiental —como una terapeuta— porque intentaba comprender qué le importa al ecosistema.

Había estado haciendo esto durante años, pero sentía que no bastaba. Necesitaba hacer algo que me conectara más con las comunidades, con la gente, y sentí el deseo de usar mis conocimientos y hacer algo bueno con ellos.'

Sólo una cosa más

Que algo sea difícil no quiere decir que lo estés haciendo mal. Será un reto y habrá días en que no estés segura de que valga la pena, días en que pienses que podría ser más fácil trabajar para alguien más y desarrollar el sueño de otros, dejar que esa persona asuma el riesgo y que la derroten. Todos tenemos momentos de duda y días que preferiríamos no volver a vivir. A veces, el fruto de los días más difíciles es justo lo que te impulsa al día siguiente. Rara vez el comienzo es glamoroso. Se trata de dar los primeros pasos y avanzar hacia tu meta.

Debbie Fung tenía 23 años cuando ella y su pareja fundaron Yoga Tree, un estudio de yoga en Toronto, Canadá. Luego de un inicio desfavorable, nueve años después es copropietaria de cinco estudios de yoga y tiene planes para abrir cinco más.

Debbie

En nuestro primer día, en diciembre de 2007, nevó. Ofrecimos yoga gratis: ocho clases, y once personas se presentaron. Fue triste. Decidimos que estaba bien y luego pensamos: tenemos que ponernos a trabajar. Habíamos rentado el local por cinco años, así que decidimos ofrecer clases gratuitas de yoga todo el mes. Entendimos que, en nuestra área, no sólo era cuestión de que fuera un día nevado. Era *Hanukkah* y la gente estaba fuera de la ciudad. Terminamos extendiendo nuestro ofrecimiento a dos o tres meses de yoga. La gente nos preguntaba por qué lo hacíamos. Nuestra motivación no era económica y sabíamos que nuestro esfuerzo redituaría en alguna parte.

No tuvimos ventas durante la primera o segunda semana. En enero, no habíamos ganado suficiente para pagar nuestra renta o a nuestros instructores. El 29 de enero tuvimos un horario ampliado. Llamamos a todos los que habían tomado una clase gratuita y nos pusimos en modo de ventas hasta las doce de la noche. Si pones el corazón en un negocio, la gente verá que estás haciendo algo maravilloso por la comunidad y lo agradecerá.

No te compliques

En otras palabras, no te vuelvas loca.

Recuerda que nadie puede hacerlo todo solo. Así que no intentes tener un negocio de arreglos florales cultivando tú las flores y tejiendo tus propias canastas. Aprende cuándo es adecuado que otras personas hagan el trabajo preliminar por ti para que puedas enfocarte en lo que mejor haces: disponer los capullos en hermosos diseños y crear inusuales combinaciones de plantas. Trabajar de ese modo no significa que seas una floja, sino que eres eficiente.

La gente tiene un tiempo limitado para evaluar lo que haces y decidir si lo necesitan o no. Mantén claro tu concepto y no los obligues a esforzarse mucho. Recuerda qué es lo que mejor haces y hazlo.

Empresas de servicio exitosas
que se dedican a algo realmente simple

Amazon: Promocionada como la librería más grande del mundo, Amazon vende muchas cosas más. Sin embargo, en realidad no hacen nada. Consiguen lo que tú quieres a partir de una amplia variedad de proveedores y te lo envían.

Ebay: Puedes encontrar casi cualquier cosa en eBay. Simplemente conectan a compradores con vendedores; es decir, brindan un servicio.

Drybar: También tienen productos, como secadoras, champús y cepillos, pero el principal negocio de Drybar es secarte el pelo para que tú no tengas que hacerlo.

Soulcycle: Venden sudor: el tuyo. Claro, tienen bicicletas y un sitio en el que las puedes usar, pero básicamente ofrecen un servicio: un instructor que te guía durante el recorrido. Tú haces el trabajo y ellos simplemente te dan el entorno.

«Cuando me atrevo
a ser poderosa, a usar
mi fortaleza al servicio
de mi visión, entonces
se vuelve cada vez
menos importante el
hecho de tener miedo».

—AUDRE LORDE, ESCRITORA Y ACTIVISTA

Capítulo 5

Eres joven y mujer

Es momento de reconocerlo

E
l asunto de ser joven y mujer, y de tener grandes ideas, es que en tu interior arde una llama que no será apagada por el fuego del escepticismo de alguien más. ¿Qué pasa si alguien piensa que eres demasiado joven para tener una empresa emergente? ¿Qué pasa si alguien dice que las niñas no pueden hacer esas cosas? Te llevará un minuto probar que esa persona está equivocada si estás preparada con tu sentido empresarial, empuje y pasión por tus ideas.

Habrá veces en que sentirás que ser joven es como tener que empujar una piedra por una enorme colina cada vez que tratas de hablar con alguien sobre tu empresa emergente. Todas hemos experimentado la mirada de asombro en la cara de alguien más cuando resultó que de verdad teníamos algo estupendo que decir. Ha llegado el momento de probar que todos los detractores están equivocados.

Joven + mujer = increíble

A veces tienes que recordártelo. Podría ocurrir que las personas con las que te encuentres cuando emprendas tu negocio no siempre crean que puedes hacer todo lo que sabes que sí puedes hacer, pero tu labor es convencerlas. No permitas que tu edad o género, o la idea que tiene alguien más acerca de lo que deberías ser, determine la opinión que tienes de ti misma o de tu futuro. ¿Eres joven y mujer? Enfréntalo directamente y hazle saber a la gente que ser joven significa tener energía e ideas originales. Ser mujer significa que eres resistente y que no te das por vencida. Eres la *jefa*. Tú sabes qué hacer. Seguimos viviendo en un mundo donde carecemos de igualdad de género en la mayoría de los campos. Las mujeres conformamos la mitad de la fuerza laboral, pero representamos apenas 25 % en las áreas de ciencia, tecnología, ingeniería y matemáticas. Cerca de un tercio de los médicos en ejercicio son mujeres, donde sólo un poco más de la tercera parte trabaja tiempo completo como catedráticas de medicina, según la American Association of Medical Colleges (Asociación Americana de Universidades de Medicina). Y un estudio del Center for the Study of Women in Television and Film (Centro para el estudio de las mujeres en la televisión y el cine) de la Universidad Estatal de San Diego encontró que las mujeres integran apenas 7 % de los directores de las 250 películas más importantes y 13 % de los escritores de las 700 películas más importantes. La lista Fortune 500 de 2016 de los directores ejecutivos de las empresas más importantes incluyó sólo a 21 mujeres, lo cual representa apenas un poco más del cuatro por ciento. Las cifras pueden parecer desalentadoras, pero considéralas como la medida de dónde estamos y de a dónde nos falta llegar.

Esto es lo que nuestras Jefas tienen que decir al respecto.

Juliette (Miss O and Friends)

Soy miembro de muchas organizaciones empresariales diferentes y siempre me presentan como: «Ella es Juliette Brindak, una joven mujer emprendedora que tiene un sitio web donde las niñas pueden jugar». Eso me molesta mucho porque hay un tipo, que también es de mi edad y que también tiene otro sitio web o producto, pero yo soy la «joven mujer». A él no lo presentan como un joven hombre. ¡Vamos! Soy joven y soy mujer y no es necesario señalar lo obvio. Esa es una de las cosas que realmente no tolero.

Cuando hacía una presentación para Colgate, Procter & Gamble, Yahoo o Target, se asombraban de que alguien de 16 años pueda presentarles una compañía. Creo que estaban muy impresionados. Yo conocía la marca, sabía lo que trataban de hacer y ellos no podían contradecirme porque no sabían y era yo la que les estaba informando.

Alex y Nellie (Purpose Generation)

Teníamos 23 años cuando empezamos la compañía y teníamos poco historial y credibilidad. Desde un inicio nos dimos cuenta de que la clave para adquirir nuevos contratos era obtener el visto bueno de los niveles ejecutivos más altos. Hicimos un gran esfuerzo para probarnos frente a esos primeros clientes que se arriesgaron con nosotras. Pasamos los primeros dos años totalmente concentradas, enfocándonos en dar mejores resultados que cualquiera de nuestros competidores. Como consecuencia, la mayor parte de nuestro crecimiento ha provenido de comentarios y recomendaciones directas, algo de lo que estamos muy orgullosas.

El término *milenial* no era una expresión que estuviera en boga cuando empezamos. En lugar de ocultar nuestra edad, la aprovechamos y presentábamos nuestros servicios a los clientes con base en la necesidad de tener «guías milenials» que les ayudaran a identificar las tendencias, ambientes, redes y socios con los cuales conectarse. Convertimos una aparente debilidad en una fortaleza y la transformamos en el núcleo de nuestra presentación.

La confianza es un rasgo de carácter muy importante a desarrollar, en especial para los emprendedores. Sin embargo, a veces los milenials tienen mala reputación como personas que confían demasiado en sí mismas. Nunca asumimos que tenemos la respuesta —o que, en todo caso, exista una respuesta correcta— pero tenemos confianza en que podemos obtenerla haciendo las preguntas correctas y hablando con la gente correcta.

Gabrielle (Jewelz of Jordan)

Sé que muchas personas podrían pensar que deberías empezar una carrera hasta ser adulto, pero creo que es bueno iniciar algo a temprana edad. Primero, tienes más tiempo para cometer errores y para aprender. No tienes que ser empresaria en el futuro si no quieres, pero si quieres ser ingeniera mecánica o crear una app, empieza ahora. Yo quiero ser gemóloga, de modo que ahora estoy tomando clases de eso, porque tengo más tiempo para aprender y para desarrollarme. Puedes convertirte en experta en cualquier área y tener una ventaja. Tienes más tiempo para crear y progresar.

Debbie (Yoga Tree)

Teníamos 23 años no nos tomaban en serio y les preocupaba adquirir una membresía con nosotros. Solían preguntar si esos dos jóvenes saldrían corriendo con el dinero de sus membresías, cuánto tiempo pensábamos que conservaríamos el negocio y de dónde venían nuestras familias.

Chental-Song (Honey Bunch Kids)

Definitivamente mi edad ha sido un factor determinante. Cuando empecé tenía 13 años y la gente pensaba que era muy tierno que una adolescente promoviera sus propios libros. Ahora tengo 20 y cuando la gente se entera de que he estado trabajando durante casi 10 años, lo toman más en serio porque lo he hecho por un tiempo muy largo.

Priscilla (NYC Techy)

Una de mis preocupaciones es luchar por la igualdad en el entorno laboral. He tenido varias experiencias trabajando en una industria dominada por hombres y esas experiencias me han preparado para reivindicarme en el ambiente de trabajo. ¿Cómo te adueñas de tu idea? Tienes que practicar. En todas mis juntas he descubierto que no se trata de quién es la persona que más grita, sino de tener confianza en lo que dices. No moderes tus afirmaciones con expresiones como «creo» o «tal vez». He visto a demasiados hombres que se atribuyen el mérito de la idea de una mujer. Defiéndete a ti misma y confía en tus ideas, porque tu aportación es valiosa.

En mis cursos de historia de la computación me enteré de que el desequilibrio de género en la industria tecnológica se debió principalmente a un factor social. Hace sesenta años, las mujeres dominaban este campo. Ahora sólo nos enteramos de los «padres fundadores» de Silicon Valley, como los denominó la revista *Newsweek*. De hecho, en el siglo XIX Ada Lovelace, la madre del *software*, tuvo una visión de lo que la computación es en la actualidad. Y la contraalmirante Grace Hopper inventó el primer compilador para un lenguaje de programación con la Harvard Mark I. Luego, podemos encontrar anuncios publicitarios de mediados del siglo XX donde a las mujeres se les representa como «demasiado emocionales» como para trabajar. Incluso hay anuncios que sugieren que las uñas de las mujeres rallarían la cinta magnética y serían un obstáculo para el trabajo con las computadoras. Debemos examinar la historia porque puede advertirnos sobre deficiencias en la actualidad. Debemos reconocer que las mujeres pueden hacer cualquier cosa que se propongan hacer.

Charlotte (Fe Maidens)

Las mujeres siguen siendo una enorme minoría dentro de la comunidad STEM (ciencia, tecnología, ingeniería y matemáticas). El prejuicio es la principal inhibición: aún se sigue pasando por alto y subestimando a las mujeres, tanto profesional como personalmente. Aunque el sexismo contra las mujeres en el campo científico no es ningún secreto, la gente tiende a subvaluar lo común que es. Es frecuente que las integrantes de nuestro equipo enfrenten comentarios y comportamientos discriminatorios en las competencias de robótica que vienen tanto de los estudiantes que generalizan sobre nosotras como de los jueces que nos cosifican o menosprecian.

«Nadie te da el poder.
Tienes que tomarlo».

—BEYONCE KNOWLES-CARTER,
CANTAUTORA Y EMPRESARIA.

Capítulo 6

Tu marca

Llegó la hora de dejar huella en el mundo. Necesitas pensar en todo lo que haces en términos de crear reconocimiento para tu negocio. En otras palabras, crea una marca: logra que las personas asocien tu empresa contigo. La imagen que muestras al mundo cada vez que tienes una conversación en público, cada vez que publicas algo en línea, es la imagen que tu negocio transmitirá. Eso significa que deberías pensar antes de hablar. Quiere decir que deberías ser positiva, aunque te sientas deprimida. Si tuiteas comentarios sarcásticos, podría pasar que la gente no pueda distinguir tu sentido del humor de la empresa que manejas. Eso no quiere decir que no puedas divertirte, simplemente significa que tu diversión se refleja en tu empresa, así que concientízate de cómo te expresas.

Has estado construyendo una marca por años. Si has tenido una presencia regular en Facebook, Instagram, Twitter, Snapchat, Tumblr o en cualquier sitio de redes sociales que te agrade, has estado construyendo una marca: tú *eres* la marca. Todo lo que publicas o tuiteas o dices está promoviendo la imagen que exhibes ante el mundo. Quizá no te hayas dado cuenta de eso, pero probablemente tienes algunos hábitos. Todos los tenemos. A algunos nos gusta subir fotos de actividades atléticas: los equipos con los que jugamos, las carreras que corremos, fotos de nosotros con medallas de finalistas, logos de nuestros equipos favoritos. Otros publicamos información sobre música: dónde tocará nuestro grupo favorito, avisos sobre lanzamientos de discos, videos de presentaciones. Los amigos empiezan a esperar con gusto las publicaciones y al poco tiempo, y sin que nos demos cuenta, tenemos seguidores, quizá montones.

EJEMPLOS DE NEGOCIOS

CON UNA ESTUPENDA IDENTIDAD DE MARCA

▶ **Nike** — Ves el logotipo de Nike y de inmediato piensas en la marca: deportes, tenis, velocidad. Incluso su lema «Just Do It» (Simplemente hazlo) trae a tu mente a Nike al momento de verlo.

▶ **Apple** — Si gugleas la palabra «apple» («manzana»), el primer elemento de la búsqueda que aparece no es la fruta, aunque el estadounidense promedio ingiere 25 kilos de manzanas al año. El primer artículo es la computadora Apple, que ha hecho un espléndido trabajo en asociar su nombre con su producto.

▶ **McDonald's** — Los famosos arcos dorados se reconocen en todo el mundo y todos conocen su canción publicitaria «I'm Lovin' It».

Es posible que seas alguien que publica regularmente información sobre acondicionamiento físico u oportunidades de aprendizaje-servicio. Quizá pasaste de publicar fotos de deliciosos omelettes que hiciste en tu cocina a subir recetas de espectaculares postres. En poco tiempo, tus amigos o seguidores estarán tomando nota de las recetas y haciéndolas ellos mismos. Tal vez tus increíbles instantáneas de la limpieza que haces en la playa todos los fines de semana haya motivado a tus amigos a unirse a esa labor y acabas de empezar un movimiento. Desarrollaste una reputación. Tus seguidores hacen comentarios y sus amigos empiezan también a querer seguirte. Eso es cierto ya sea que publiques con regularidad acerca del arte o la renovación urbana u opiniones sobre política. Mientras más publiques, más de esos amigos y seguidores empezarán a esperar esa consistencia, buscando tus publicaciones para recibir su dosis regular de eso que llegaron a disfrutar. Todo esto significa que ya eres una experta en creación de marca aunque no lo sepas. Ya desarrollaste una identidad y ahora llegó la hora de transferir esos conocimientos a tu negocio.

Ponle un nombre

Piensa en un buen nombre. Tu nuevo negocio necesita un nombre que capte la atención de la gente. Haz una lista y en ella escribe todos los nombres que te vengan a la mente cuando piensas en el tipo de emprendimiento que tienes. Si eres cantante, actriz, escritora o cualquier otra versión de una artista, es posible que quieras elegir un nombre artístico o seudónimo. Sé creativa: siempre que te parezca que te representa, en este punto no existe ningún nombre que sea malo.

A continuación pide opiniones sobre tus ideas de nombres o lemas. Incluso puedes diseñar una encuesta de opinión en SurveyMonkey.com y pedir a tus amigos que piensen en tu concepto, nombre e idea. Investiga, compara y luego decide cuál será el nombre de tu negocio. Asegúrate de que te encante.

Diséñala

Tu marca también tiene un componente visual. Un logotipo es una representación visual que hace que la gente piense en tu empresa cada vez que lo vea. Existen compañías que se especializan en crear marcas y diseñar logos identificables. Sin embargo, tú no tienes que invertir miles de dólares en consultores de marca; simplemente necesitas entender qué están haciendo y por qué. Luego tienes que hacerlo tú misma.

La clave consiste en desarrollar una combinación de tipos de letra, diseño y colores que sean icónicos y que se vuelvan sinónimo de tu producto, de modo que aunque alguien no vea el nombre, sepa de qué se trata. Piensa en el pajarito de Twitter. Fue un concepto simple de diseño, pero rápidamente se convirtió en un logo identificable y en un ícono del tuiteo mismo.

Empieza observando los logos que te gustan. Todas las empresas los tienen, aunque no fabriquen un producto. Piensa en la tipografía. Todos reconocen la fuente que usa Facebook: la *f* minúscula y las letras redondeadas. Aunque sólo veas esa *f* azul, sabes que se trata de Facebook, ¿no es cierto? O piensa en la fuente más elegante que usó YouTube. El cuadro rojo de fondo detrás de la palabra *Tube* y la manera en que ambas palabras se convirtieron en una no fueron accidentales. Las empresas pasan mucho tiempo intentando con diferentes tipos de letras y diferentes diseños, hasta que alcanzan algo que evoque su marca.

Cuando pienses en fuentes y tipografía, ten en mente el tipo de negocio que tienes y el tipo de imagen que quieres presentar. Si haces un producto para niños, podría ser conveniente que uses una fuente que se vea alegre y sea fácil de leer. Si quieres un aspecto retro, podrías elegir una fuente que evoque los años veinte o el Viejo Oeste. Las elegantes letras decorativas no necesariamente representan lo que es un «negocio de lavado de autos». Y las letras grandes y burdas parecerían extrañas si te estás publicitando como alguien que se dedica a la caligrafía y a las decoraciones elegantes en invitaciones. Sé consistente. Usa la fuente que comunique algo sobre tu negocio. Es una oportunidad para que transmitas un mensaje sin decir una palabra.

Ahora vayamos al diseño en sí. Mantenlo simple. Quizá sólo necesites que la primera letra del nombre de tu negocio sea más grande y se destaque en un color que te guste con un pequeño garabato. Tal vez no necesites el garabato. Sólo necesitas algo que capte la atención y que se identifique con facilidad con tu negocio y contigo. Aunque no te consideres una artista, de todos modos se te pueden ocurrir grandes diseños; no tienen que ser complicados. Si obtienes una imagen de Internet, debes asegurarte de no violar los derechos de autor. Alguien diseñó esa obra y aunque muchas imágenes son de dominio público —lo cual significa que cualquiera puede utilizarlas con libertad— algunas imágenes no lo son. A menudo encontrarás una anotación en la imagen que explica quién es el propietario de los derechos. Contacta a esa persona y solicita su permiso para utilizarla. O úsala como punto de partida para pensar en algo nuevo.

¡PELIGRO!

ERRORES DE DISEÑO QUE DEBES EVITAR

▶ Demasiado intrincado: ¿Estás causando mareos con el diseño cursi-florido-punk de tu empaque?

▶ No permitas que tu diseño compita con tu producto.

▶ No elijas empaques que cuesten tanto que se lleven un gran porcentaje de tus ganancias.

▶ ¿Eliges colores y diseños tan prudentes que nadie te distinguiría en una multitud?

▶ ¿Existe la probabilidad de que tu producto se confunda con el de alguien más?

Termina tu logo

Añade ilustraciones. O no. ¿Tu logo necesita un dibujo para transmitir tu identidad? Necesitarás encontrar a un diseñador gráfico o a un ilustrador.

Cuando te sientes a trabajar por primera vez con tu diseña-dor, sé específica. Busca imágenes que te agraden particularmente. ¿Te gusta el diseño literal —un perro sobre una cama para quien fabrica camas para perros— o el arte abstracto que se vea sensacional y un poco misterioso? Lleva muestras y fotos que te gusten, y asegúrate de mencionar cualquier cosa que te guste o que no puedas tolerar, y luego deja que el artista se ponga creativo.

Es emocionante ver cómo tu idea cobra vida en la forma de una imagen. Recuerda que no necesitas conformarte con el primer dibujo o idea que te presenten. Pide algunas variaciones y luego lleva a cabo una breve encuesta informal, o incluso haz una convocatoria abierta en Instagram y pídele a la gente que elija cuál es el que más les gusta y que te digan por qué. La parte del «por qué» es importante, te forzará a ti y a cualquiera que vea tu logo a examinar con un poco más de cuidado y a averiguar realmente qué es lo que funciona y lo que no.

Después de elegir tu logo, úsalo en todo. Manda hacer un gran rollo de etiquetas adhesivas que puedas colocar en tus empaques y sobres. Pon el logo en tu sitio web. Manda hacer tarjetas de presenta-ción —puedes pedirlas en línea por un precio muy bajo— y la primera vez que entregues una te sentirás como toda una profesional. Empieza el proceso de lograr que la gente asocie tu logo con tu negocio y con todas las cosas que haces.

LOS COLORES TRANSMITEN MENSAJES

▸ El azul atrae a hombres y mujeres, y esa es la razón por la que es un color común en empaques y diseños.

▸ El rojo es dominante y energético, estupendo para llamar la atención, y los estudios muestran que, de hecho, abre el apetito. Esa es la razón por la que muchos restaurantes de comida rápida incluyen el color rojo en sus logos.

▶ **El verde** transmite la idea de «fresco y natural». También puede representar un negocio amigable con el ambiente.

▶ Muchas personas asocian el color **rosa** con las mujeres por lo que, si utilizas ese color, los hombres podrían pensar que el producto no es para ellos. Eso podría ser justo lo que quieres, ¡pero quizá no!

▶ **El amarillo** hace que la gente se sienta feliz.

▶ **El café** puede dar una sensación de asociación con la tierra, en especial si utilizas papel sin blanquear en lugar de papel blanco.

Empaque

Una cáscara no es sólo un medio conveniente de almacenamiento para un huevo; también es una solución ingeniosa de empaque tanto funcional como atractiva. El empaque no es una propuesta únicamente utilitaria. Tiene una textura, una funcionalidad y una apariencia que reflejan tu marca y que distinguen a tu producto de otros que están al lado en el mismo anaquel.

Hay una razón por la que el cereal viene en una caja con imágenes del cereal al frente: la gente quiere saber qué está comprando. Si el mismo cereal se empacara en aluminio o en una caja sin una fotografía, no se vendería tan bien. Ten esto en mente cuando pienses en el empaque para tu producto. Si estás fabricando sombreros de fieltro suaves, empácalos de manera mínima; quizá sólo con una etiqueta colgante con el logo o una cinta de cartón para impedir que el sombrero se doble. Deja que la gente toque y sienta lo suave que es el fieltro y lo lindos que son tus diseños.

Si vendes algo que tiene muchas piezas y partes, será bueno poner todas las piezas organizadas en una bolsa o caja, quizá separadas en pequeños espacios, o marcadas con letras o números. Asegúrate de incluir instrucciones claras y precisas. ¿Cuántas veces has comprado algo y te has preguntado si están hablando del clavo grande o del mediano cuando te dicen que armes el objeto con ayuda de un martillo? Facilita que las piezas se clasifiquen y junten.

Nada de esto quiere decir que tengas que invertir una millonada en materiales de empaque. Las tiendas de artesanías y los comercios de materiales para oficinas o restaurantes tienen todo tipo de empaques eficientes y genéricos que se venden al mayoreo. Tienen un aspecto pulcro, y si añades una etiqueta con tu logo, creas el perfecto empaque personalizado.

Conciencia de marca

Ahora que ya tienes un producto, un nombre para la empresa y un logo, estás en vías de construir tu marca. Y recuerda que cuando nos referimos a las cosas como «tu producto», no sólo hablamos de objetos como zapatos, bufandas o cajas de lápices. Tu producto es tu voz si eres una cantante, es tu obra si eres una escritora, o es tu servicio si elegiste una empresa de servicio

Puedes crear conciencia en relación con tu marca en todas partes. Piensa en todos los lugares, tanto del mundo físico como del digital, donde puedes promover tu marca, ya sea pegando volantes en tableros de anuncios o publicando en línea.

Convierte toda interacción en un momento memorable

Cuando llegue la hora de llevar tu producto a los clientes, preséntalo bien. Envuélvelo en un bonito papel e incluye una nota de agradecimiento. Pinta con esponja un poco de papel revolución y úsalo para rellenar las cajas. Compra papel de china al mayoreo para envolver lo que envíes y usa una de tus bonitas etiquetas adhesivas con tu logo para sellarlo. Incluye tu tarjeta de presentación y añade un «gracias» de tu puño y letra en la parte inferior. Te sorprenderá qué tanto influyen en la gente este tipo de toques personales. Dejar a tus clientes con una sensación positiva hará que quieran regresar contigo.

Si envías por correo electrónico los recibos o facturas de las transacciones, vuélvelas amigables. Coloca tu logo en tu firma de correo electrónico y en todo lo que se asocie con tu negocio.

Considera utilizar una foto de ti misma en tu catálogo o en tu sitio web: a la gente le gusta saber con quién trata. Mostrar quién eres te llevará muy lejos en cuanto a lograr que tu cliente sienta una relación más personal con tu compañía.

Diez maneras de crear conciencia de marca

1. **Tarjetas de presentación** — Las puedes imprimir tú misma con facilidad o pedirlas en línea. Puedes encontrar plantillas en los programas de procesamiento de texto e imprimirlas en tarjetas que compres en cualquier tienda de artículos de oficina. La información de contacto, como tu teléfono comercial y tu correo electrónico, es suficiente. Lleva contigo un puñado de tarjetas todo el tiempo. Cuando converses sobre tu negocio y alguien te pregunte cómo ponerse en contacto contigo, saca una tarjeta.

2. **Volantes/tarjetas postales** — También los puedes imprimir tú. Los volantes son fantásticos para publicitar servicios locales o anunciar un evento en el que venderás tu producto o actuarás. Pregunta en los comercios locales si estarían dispuestos a pegar tu volante o a tener un fajo de tus postales.

3. **Publicaciones en redes sociales** — Del mismo modo que subes una actualización sobre el concierto al que fuiste el fin de semana, deberías publicar actualizaciones sobre tu negocio: tocadas en las que te presentarás, ferias artesanales en las que venderás, un nuevo sabor que perfeccionaste. Dalo a conocer y actualiza con frecuencia.

4. **Tuits** — Son estupendos para comunicar actualizaciones rápidas, dar noticias e información. «Estaré vendiendo *brownies* en el mercado de productores del centro de las 10:00 a la 1:00. El clima está precioso. ¡Visítanos!»

5. **Correos electrónicos masivos** — Consigue que la gente se inscriba en una lista de correos y envía actualizaciones. Usa estos correos del mismo modo que las publicaciones en redes sociales, pero en ellos incluso puedes entrar en mayor detalle. Avísale a la gente lo que está pasando.

6. **Boletines** — Envíalos por correo electrónico o correo regular. O si conoces a alguien que tiene un boletín, pregunta si puedes hacer una publicación como invitada.

7. **Sitio web** — Este es tu territorio. Haz que sea fabuloso y mantenlo actualizado con todo lo que quieras que el mundo sepa sobre tu negocio. Consulta el capítulo 7 para más información sobre cómo crear y mantener tu sitio web.

8. **Comunicación de boca en boca** — No subestimes el poder que tiene que un amigo le cuente a otro. Es posible que a veces te avergüence que tu mamá presuma con sus amigas sobre lo que estás haciendo, pero cuando dé como resultado que tengas seguidores en tu siguiente exposición de arte o ventas en tu línea de aceites esenciales, estarás encantada de que haya corrido la voz.

9. **Redes sociales de tus amigos** — Tú subes algo y luego tus amigos lo comparten, y así sucesivamente. Es posible que tus amigos compartan muchos de tus propios contactos, pero seguramente tienen en sus redes a grupos enteros de personas a las que no conoces. Un empujoncito amistoso y la petición de invitar a los demás para que le den un «me gusta» a tu negocio puede aumentar exponencialmente tu grupo de seguidores.

10. **Medios de comunicación externos** — No es fácil conseguir que el programa de televisión matutino o que una revista de amplia distribución tenga todo un espacio para hablar de ti y de tu empresa, pero sí se puede lograr. Quizá conozcas a alguien que escribe para una publicación en línea y que siempre esté buscando nuevo material. Existen cientos de sitios web que hacen reseñas de productos y que comunican las novedades. En general tienen disponible la información de contacto para que abras una línea de comunicación. Da el primer paso y envía una pequeña nota y fotografía con la información básica, y dales a conocer dónde te pueden encontrar para que les platiques más. Primero haz un poco de investigación preliminar y comunícale al medio por qué tu idea es particularmente oportuna o digna de mención. No esperes a que un bloguero o un productor de noticias entienda por sí solo la importancia de tu negocio; descríbelo en una carta de presentación que explique la razón por la que sus lectores se beneficiarían de conocer tu producto. Envía un comunicado de prensa, que es un resumen de quién eres y de cuál es la noticia que quieres comunicar, junto con tu información de contacto para que se comuniquen contigo. Consulta el apéndice, donde encontrarás un ejemplo de un comunicado de prensa.

«Mi principal prioridad es que la gente entienda que tiene el poder de cambiar las cosas por sí misma»

—AUNG SAN SUU KYI, GANADORA DEL PREMIO NOBEL DE LA PAZ

Capítulo 7

Tecnología

La ola del presente

Suena un poco tonto hablar de la tecnología como si fuera parte de una novela de ciencia ficción, diciendo que es la ola del futuro y todo eso. El hecho es que la tecnología forma parte del mundo actual y de todo emprendimiento, sin importar los pocos conocimientos tecnológicos que creas tener. La tecnología puede lograr que trabajemos más rápido y con mayor eficiencia, y puede ayudarnos a comunicarnos. Eso no significa que necesites volverte loca, lanzarte a cada nueva tendencia en redes sociales o comprar la computadora más moderna que salga a la venta, sólo porque existe. No obstante, considera lo que la tecnología puede hacer por ti. Adóptala y deja que te facilite la vida. Porque ¿no sería maravilloso ser estudiante, emprendedora, atleta, artista y seguir teniendo tiempo de sobra para divertirte? Deja que la tecnología acelere las cosas donde sea posible y consigue un poco de tiempo extra.

Usa la tecnología para investigar

¿Te ha pasado que te obsesionas con un tema en particular y ves todos los videos de YouTube hasta que sepas todo al respecto? Bueno, pues eso es la investigación. En vista de que ya estás tratando de concretar

una idea comercial que te encanta, ¡hacer investigación para tu negocio será igualmente interesante y divertido! El conocimiento es poder.
Lo maravilloso de este tipo de investigación es que ya tienes las
habilidades para hacerla, gracias a todos los maestros que alguna vez
te asignaron un trabajo de fin de curso o un gran proyecto. ¿Cómo obtuviste información sobre la Primera Guerra Mundial para ese reporte?
¿Dónde aprendiste la diferencia entre los artrópodos y otros insectos
emparentados? Haciendo investigación. Ahora puedes aplicar esas habilidades a algo en el mundo real.

Otro tipo de investigación: datos de primera mano. Esas son
las cosas que no provienen de un libro, sino de preguntarles a personas
reales qué piensan o qué les gusta. Viene de las encuestas informales,
de conversaciones y de tu observación del mundo que te rodea.

Usa a tu multitud. La colaboración masiva (*crowdsourcing*) es
simplemente obtener información del enorme grupo de personas que
te rodean para que te ayuden a decidir sobre el título de un libro o para
averiguar qué logo debes elegir. Eso significa lanzar una pregunta a tu
comunidad y pedirles que voten por las opciones que les presentes o
que hagan sugerencias. Sube una fotografía de tus bolsos de lona y
pide a todos que sugieran cómo llamarlos. Incluso puedes ofrecer un
bolso gratis a la persona que sugiera el nombre que decidas utilizar al
final para incentivar la participación y volverla más divertida. Esta es
una de las cosas más importantes que decimos constantemente en
este libro: que estés haciendo negocios no quiere decir que dejes de
divertirte. Por otra parte, mientras más divertido vuelvas el comienzo,
crecimiento y manejo de tu propia empresa, mejor será.

Establece una presencia en línea

Aunque tengas la idea más tradicional del mundo, necesitas una presencia en línea para promoverla, conseguir seguidores, publicar actualizaciones e, incluso, para vender directamente en tu propio sitio
web. Crear un sitio es fácil y económico. Primero necesitas comprar
un nombre de dominio, que puede ser el nombre de tu empresa o el

tuyo propio, con un .com o .net al final. Si usas GoDaddy.com o Squarespace.com, puedes buscar allí si está disponible el nombre que quieres registrar y adquirirlo en ese momento por una cantidad que va de los 10 a los 20 dólares al año. Luego necesitas diseñar tu sitio web, ya sea utilizando los formatos que proporcionan las empresas de diseño como Wix.com y Squarespace.com, o usando las herramientas que te proporcione el sitio de alojamiento web. Si usas un blog con tu sitio, encontrarás formatos fáciles para publicar a través de empresas como Blogspot.com o WordPress.com.

Asegúrate de que tú y tu empresa sean fáciles de encontrar cuando alguien investigue, y que atraigan a cualquier persona que se tope con tu sitio web o tus publicaciones. Desde Twitter y Snapchat hasta Tumblr y Facebook, existe un sitio de redes sociales que se ajusta a cada necesidad. No tienes que estar en todas partes, pero mientras más sean los sitios donde tengas una presencia, mayor será la cantidad de personas que se enterará de tu negocio. Si quieres ponerte realmente técnica, incluso puedes pagar por que tu sitio web esté listado en la búsqueda de Google o utilizar Google Analytics para averiguar de dónde viene el tráfico social.

Haz de la tecnología tu negocio

Los proyectos basados en tecnología son nuestro futuro. Podemos hacer cosas desde la comodidad de nuestro escritorio, frente a la pantalla de nuestra computadora, que no podríamos haber hecho nunca en el pasado. Eso es tanto emocionante —existen más oportunidades que nunca para crear algo— como desafiante por su misma naturaleza. Trabajar solo en una computadora puede provocar una sensación de aislamiento y la tecnología también avanza con rapidez, por lo que mantenernos actualizados a veces puede parecernos abrumador. Bloguear es divertido. Es un estupendo medio para desfogar tus pensamientos, observaciones y frustraciones. ¿Y qué tal si, luego de un tiempo, descubres que tienes cientos o incluso miles de seguidores? Si tu blog encuentra eco en una audiencia constante, podría significar que consigas uno o dos anunciantes. O tus seis decenas de publicaciones en el blog podrían convertirse en un libro. Podría haber en juego una considerable cantidad de dinero, así que mantén abiertos los ojos para las posibilidades de negocio.

Siempre se necesita gente que entienda de tecnología. Los diseñadores web, programadores y evaluadores de control de calidad pueden ofrecer servicios de consultoría para quienes no entienden en absoluto la tecnología. Incluso si la tecnología no forma el núcleo de tu negocio, tienes que incorporarla en la forma en que manejes tu empresa. Desde los correos electrónicos masivos hasta las conversaciones por Skype con tus socios comerciales y las compras en línea, las oportunidades son infinitas.

Pero recuerda que la tecnología no puede hacerlo todo. Debe haber una persona motivada detrás de ella, impulsando una idea o un plan. La tecnología es una herramienta.

Apps

Actualmente existen muchas formas amigables con el usuario para construir una app, parecería que todo el mundo tiene una idea para crear una. Dependiendo de tu tipo de empresa, podría ser útil tener una aplicación propia. Se pueden usar en movimiento, en un teléfono inteligente, todo el tiempo. Tienden a funcionar mejor para negocios en los que los clientes necesitan hacer reservaciones (si ofreces servicios o clases) o para conceptos comerciales que se construyen específicamente para uso móvil. Allí es donde necesitas tener alguna idea de quiénes son tus usuarios y anticipar cómo te encontrarán y se relacionarán con tu empresa emergente. Las apps no son apropiadas para cualquier empresa nueva y eso es algo más que se debe construir y monitorear. Sin embargo, si es apropiada para ti, existen abundantes recursos para crear aplicaciones.

Juliette Brindak Blake trabajó con un proveedor externo para que desarrollara la app de su sitio web Miss O and Friends, dirigido a preadolescentes.

Juliette

Trabajamos con Pinsight Media, una empresa de Sprint, en una app llamada Girl2Girl Wall. Es una forma más accesible y popular para las niñas y les proporciona la misma socialización que en la web. Pueden descargar la app y seguir conectadas a la base de datos de Miss O, pero pueden acceder desde cualquier parte. Estamos trabajando con una compañía que acepta tu proyecto y asume los costos de crear la aplicación, y después participan de las ganancias hasta que recuperen el dinero. Trabajan con personas en todas las etapas diferentes: en el caso de algunos es su primera vez en la vida. Otros ya tienen seguidores y una marca establecida. Nosotros ya habíamos creado los diseños de cómo queríamos que se viera la app. Ya habíamos hecho gran parte del trabajo preliminar, así que nuestros costos fueron menores a los de alguien nuevo. Sin embargo, es caro producir una app buena y que funcione.

Crear una aplicación simple es, bueno, simple. Puedes crear una sencilla aplicación complementaria de comercio electrónico por poco o nada de dinero. Apple, Android y Blackberry tienen programas para desarrolladores de sistemas operativos que pueden utilizar en sus teléfonos inteligentes o, si entiendes de programación HTML, puedes trabajar con empresas como Appcelerator o MotherApp que te permiten crear apps que funcionan en diversas plataformas. Algunas cobran una tarifa fija y otras cobran mensualmente, dependiendo de lo que necesites que haga tu aplicación. Una vez que llegues a una funcionalidad más compleja, eso determinará cuánta ayuda necesitarás para crear la siguiente iteración de tu app. Sin embargo, asegúrate de que el valor que obtengas de ella respalde el costo. En otras palabras, no pagues un montón de dinero para que alguien te construya una app que en realidad no necesitas.

Correo electrónico

El correo electrónico sigue siendo la forma de comunicación que se utiliza más comúnmente, en especial en esferas profesionales, donde es necesario ser serio y formal. Eso significa que debes cuidar tu ortografía, usar un saludo y una firma, asegurarte de ser respetuosa con la persona con quien te comunicas y pensar antes de enviar. El correo electrónico puede ser complicado. Por un lado, es rápido y accesible pero, de nuevo, esa velocidad y premura también pueden ser problemáticas.

Parecería haber reglas universales para los correos electrónicos —o, de hecho, para todos los mensajes de texto— pero cuando de verdad lo piensas, todos tenemos nuestras propias reglas individuales. Algunas personas piensan que está bien compartir información personal, e incluso escandalosa, a través de un texto. «Necesitamos romper», «Estoy en la unidad de terapia intensiva». Otras personas piensan que es mejor tener esas conversaciones en persona o, por lo menos, por teléfono.

XD, TQM, XQ quizá sean de rigor cuando envías un mensaje a una amiga, pero es posible que no sean lo correcto cuando mandas un correo electrónico a alguien con quien quieres tener tratos comerciales. No existen reglas rígidas acerca del correo electrónico. Pregúntate si la destinataria se ofendería si inicias tu correo con «Querida Jane». ¿Pensará que es grosero responder a una pregunta sobre el capital de una empresa emergente con un correo de una oración que mandes desde tu teléfono? La mejor manera de evitar ofender a alguien es inclinarte al lado de la precaución, lo cual significa que no debes ser demasiado cortante. Hasta que conozcas bien a la persona con la que tratas, exagera un poco con un saludo agradable, un mensaje completo con oraciones íntegras y tu firma. Podrás guardarte las abreviaturas y frases rápidas para cuando ya lleven un tiempo trabajando juntos. Una buena regla de oro es ver cómo escribe sus correos la persona con la que te comunicas y seguir el estilo que ella marque. Por ejemplo, si usa mayúsculas para escribir la primera letra de cada oración y no usa abreviaturas, deberías hacer lo mismo. Si te envía respuestas de una palabra en un mensaje que dice «enviado desde mi iPhone», puedes sentirte con mayor libertad de ser breve.

Ten presente que detectar el tono del autor a través de un correo electrónico puede ser difícil. Si piensas que tu sentido del humor sucinto y sarcástico se transmite a través de tus correos, piénsalo de nuevo. Si le envías correos a alguien que conoces bien, probablemente tus mensajes se recibirán del modo que pretendes transmitir. Sin embargo, tu perorata burlona que tenía la finalidad de divertir podría salir totalmente contraproducente si le escribes a una persona que no conoce tu sentido del humor. Es fácil ofender a la gente cuando eres demasiado breve, demasiado informal o demasiado sarcástica.

Cuándo utilizar el correo electrónico

Hubo una época en la que cualquier comunicación oficial tenía que firmarse, sellarse y entregarse por correo. Ahora, contratos comerciales enteros se ejecutan electrónicamente. Puedes escribir un libro completo y nunca imprimirlo en papel. Escribir tu nombre al final de un correo electrónico de respuesta es tan legítimo como firmarlo en tinta, siempre y cuando todas las partes concuerden.

Como regla general, el correo electrónico es una manera rápida y universalmente aceptada de comunicación. Siempre deberías guardar los correos electrónicos que tengan algo que ver con tu negocio: acuerdos sobre cuánto le pagarás a un empleado, decisiones sobre tiempos de entrega, copias de contratos. No sabes cuándo tendrás que consultar la fecha límite establecida por tu proveedor para tener un descuento por comprar al mayoreo si hacías un pedido de más de 50 artículos.

Comercio electrónico

La conveniencia de poder comprar desde tu computadora puede hacer que sea tentador comprar un poco más que si tuvieras que ir hasta algún lugar y pagar en efectivo. Ahora que tienes tu propia empresa en desarrollo, llegó la hora de revertir los papeles y que sea igualmente conveniente que la gente te compre cosas a ti.

Tendrás que hacer un par de cosas básicas para iniciar. Primero, necesitarás un sitio web donde la gente pueda hacer sus compras. Tu sitio web debe facilitar la navegación e incluir detalles y fotos. Consulta el apéndice para más detalles sobre el diseño web.

Decide cómo aceptarás pagos. Puedes hacer cualquier cosa, desde pedir que la persona te envíe un cheque por correo y enviar los artículos cuando lo recibas, hasta aceptar tarjetas de crédito directamente en tu sitio. Si tu producto está disponible en una tienda en línea, puedes incluir un vínculo que te transfiera directamente a esa tienda. Por ejemplo, si escribiste un libro de chistes que está disponible en Amazon.com, incluye un vínculo al sitio web de Amazon y deja que empiecen las ventas.

Las tarjetas de crédito ofrecen seguridad y conveniencia para tu cliente y para ti. Podrás dormir con tranquilidad si sabes que cuando alguien te pagó con tarjeta de crédito, sí te pagó de hecho. No tendrás que sentarte a esperar para ver si se acordaron de enviarte el cheque. Si quieres aceptar tarjetas de crédito —por ejemplo, Visa o MasterCard— primero necesitarás encontrar un «adquirente». Eso significa que tendrás que contratar a un banco mercantil o institución financiera que actúe como intermediario entre tu cliente y tú. En esencia, el adquirente te pagará después de que tu cliente te compre algo y luego le cobrará a tu cliente. Visa y MasterCard tienen listas de adquirentes que puedes contratar y te proporcionarán todo lo que necesitas para comenzar.

USOS EXTREMADAMAENTE INAPROPIADOS DE LA TECNOLOGÍA QUE DEBERÍAS EVITAR

▶ Usar fotos o videos de los clientes sin su consentimiento por escrito.

▶ Robar un tuit inteligente e ingenioso, haciendo parecer que es tuyo.

▶ Enviar correos basura a todos los suscriptores de la lista de correos de tu escuela.

▶ Difundir rumores negativos sobre un competidor.

Una vez que termines con el papeleo y las aprobaciones esenciales, tendrás un contrato con Visa, MasterCard o Amex, y pagarás una cuota por cada transacción que procesen en tu nombre, en general de alrededor del dos al cinco por ciento del precio de venta. Esa tarifa representará un gasto para tu empresa, y la conveniencia y seguridad de poder recibir tu dinero de una compañía respetada harán que valga la pena, un servicio de pagos como PayPal cobra un porcentaje y una cuota por transacción. El paquete básico te permite colocar el botón del servicio en tu sitio web, que será el vínculo a su sitio donde se lleva a cabo el pago en sí. PayPal y servicios similares ofrecen otras opciones, a cambio de un pago, que te darán mayor flexibilidad y conveniencia cuando tu negocio llegue a requerirlas.

Sólo una cosa más

Hay una cosita llamada venta incremental (*upselling*) que de verdad tienes que conocer. Eso significa que cuando un cliente muestra serio interés en comprar una cosa, quizá sea buen momento de interesarlo en adquirir algo más. Una compra por impulso, como ese paquete de chicles en la caja registradora. Estás esperando a que te cobren y está justo allí, muy seductor y nada caro, así que ¿por qué no? También puedes lograr que esa misma estrategia te favorezca. ¿Cuándo es el mejor momento de vender algo a un posible cliente? Cuando le resulte indoloro y fácil.

MANERAS SIMPLES DE INCREMENTAR LAS VENTAS Y AÑADIR GANANCIAS

▶ **Añade una ventaja:** Por uno o dos dólares adicionales, ofrece envoltura de regalo.

▶ **Da un descuento por comprar más de uno:** Si vendes un par de sandalias con diseños personalizados por 10 dólares, ofrece dos pares por 16 dólares.

▶ **Véndele a tu audiencia cautiva:** Acabas de terminar de dar una clase de poesía a los niños; junta todos los poemas y publica un libro que puedas venderles a los padres al final.

▶ **Vende artículos adicionales:** Usaste Groupon y vendiste 50 clases de acondicionamiento físico. Ahora, cuando la gente se inscriba para hacer válidos sus cupones, ofrece venderles una toalla o una botella de agua.

▶ **Recompensa la lealtad de tus clientes:** Imprime una tarjeta perforable; por cada hora de asesoría informática que des a un cliente, haces una perforación en la tarjeta. Al juntar doce perforaciones reciben una hora gratis de asesoría.

Los restaurantes lo hacen todo el tiempo: «¿Le gustaría acompañarlo con papas fritas?», «¿Le ofrezco para empezar una de nuestras frescas limonadas recién hechas?». Tú puedes hacer lo mismo. Cuando alguien se inscriba en tu clase de pastelería, pregunta si querrían comprar un delantal antes de la clase o un libro de recetas al terminar. Ya tienes una audiencia cautiva interesada en tu negocio y ahora tu labor como dueña del negocio consiste en vender. Sabemos que eso podría hacerte sentir como el proverbial vendedor de coches usados que es capaz de vender cualquier cosa con tal de ganar un centavo. Pero tú tienes integridad y un buen producto, y necesitas ganancias para que tu negocio crezca. Haz un estupendo producto, ofrece un servicio necesario, y les harás un favor a tus clientes cuando te compren algo.

Compañías que debes revisar

cuando quieres aceptar pagos en línea

Lo primero que necesitas hacer es asegurarte de que el sistema de pago que elijas funcione con tu plataforma operativa. En otras palabras, si utilizas una plataforma SaaS, como Shopify, tendrás un sistema de pago y si usas una plataforma con alojamiento propio (*self-hosted*), como Magento, necesitarás algo totalmente diferente. Existen tres formas de aceptar pagos.

1. Pedirle a la gente que te pague directamente en tu sitio a través de un formato, lo cual suena fácil, pero es la manera menos segura y probablemente menos inteligente de empezar.

2. Redirigir a los clientes a una página de pago que se encuentre en el sitio de alguien más (como PayPal), que es más seguro, pero no te permite personalizar la experiencia para que se vea como tu propio sitio.

3. Poner un formato de pago en tu sitio, diseñado como tú quieras que se vea, pero que la transacción ocurra en la seguridad del sitio de un tercero.

Nos gusta más la tercera opción y aquí mencionamos algunas compañías que debes revisar y que te pueden ayudar a establecer un sitio de pago de terceros.

Paypal — paypal.com/home
authorize.net — authorize.net
Payline data — paylinedata.com
Stripe — stripe.com

«La única manera de hacer algo a profundidad es trabajando intensamente. En el momento en el que empiezas a enamorarte de lo que haces y a pensar que es bello o valioso, en ese momento estás en peligro».

—MIUCCIA PRADA, DISEÑADORA DE MODAS Y EMPRESARIA.

Capítulo 8

Mercadotecnia

C reaste y estableciste tu fantástica empresa. Produces sin parar tus bolsas ecoamigables de cuero artificial o enseñas disertación y debate a niños de primaria. Ya escribiste la suficiente cantidad de canciones como para lanzarte a tu primera noche de aficionados, donde se sabe que se reúnen unos cuantos profesionales de la industria. Ahora llegó el momento de difundir a tus clientes potenciales la noticia sobre lo que estás haciendo.

¿La idea de exponerte frente al mundo te hace hiperventilar? Te estás alistando para exponer ante la gente algo que te importa mucho para que lo vean, lo toquen, lo amen o, quizá, incluso, lo rechacen. Da miedo. Toda Jefa experimenta ese temor, así que no estás sola. Y todos han experimentado el rechazo. A nadie le gusta, pero cuando te des cuenta de que le pasa a todos y que está bien, estarás lista para proseguir. Aprenderás de ello y tienes que dejar que te vuelva más decidida, y no menos.

De modo que respira profundo y familiarízate con uno de los conceptos más básicos para lanzar tu empresa: la mercadotecnia.

¿Cómo difundes la existencia de tu producto a la gente que probablemente lo quiera? Puedes pararte en una esquina y darle vueltas a un anuncio o gritar por un megáfono, pero hay formas más eficientes de llegar a grandes cantidades de personas. Pide a tus conocidos que te presenten con clientes potenciales o con otras personas que pudieran darte un poco de publicidad. No todos los esfuerzos tienen éxito pero, si sigues haciendo el intento, verás resultados.

Así es como Alex Douwes y Nellie Morris empezaron cuando lanzaron Purpose Generation

Alex y Nellie

Hicimos una lista de nuestros clientes soñados y nos enfocamos en tres a cinco prospectos a la vez. Nos dimos cuenta de que los prospectos «tibios» eran los más efectivos y nos comunicamos con cualquier amigo que pudiera presentarnos con ellos. Tuvimos la fortuna de que nos conectaran con Denise Morrison, directora ejecutiva de la Campbell's Soup Company, quien se arriesgó con nosotras. Nos pidió que le ayudáramos a entender lo que querían los futuros clientes de Campbell's y la manera en que la marca podría seguir siendo relevante para esa nueva audiencia. En ese momento vio algo en nosotros y Campbell's sigue siendo un cliente importante para nosotros en la actualidad.

Hazlo a la antigua

A veces la mejor manera de comercializar tu producto es pasando la voz. Le cuentas a una amiga en qué estás trabajando y ella se lo cuenta a otra y, antes de que te des cuenta, una docena de clientes interesados están tocando a tu puerta. Tu primera línea de contacto debería ser tu propia comunidad.

Las herramientas antiguas, como el correo directo, los correos electrónicos masivos, las tarjetas de presentación y los regalos pueden atraer la atención de la gente y no cuestan mucho. Utiliza tu logo, incluye la información más importante y reparte tus tarjetas. Todas las cafeterías tienen un tablero de anuncios donde los negocios locales pueden poner volantes en donde informan a la gente sobre eventos y servicios. Pregunta si puedes pegar el tuyo y asegúrate de diseñarlo con tiras desprendibles en la parte inferior, para que las personas tomen una y se lleven tu número telefónico.

Muchas tiendas te permitirán colocar un cartel en su ventana, especialmente si tiene un bonito aspecto e incluye algo que se relacione con lo que ellos venden. Por ejemplo, si planeas hacer una carrera de 5 kilómetros con fines benéficos, diseña un cartel sencillo y atrayente que tenga información en tiras desprendibles y lánzate a caminar por la calle comercial de tu vecindario y pregunta si podrían exhibirlo. No tardarás mucho en encontrar a alguien dispuesto a mostrarlo si tu cartel es atractivo y entras al local con una sonrisa y una estupenda actitud.

LECCIONES APRENDIDAS

CUÁNDO ES MEJOR UTILIZAR POCA TECNOLOGÍA

▶ Cuando se logra lo mismo, pero a menor costo.

▶ Cuando tu audiencia acepta más un enfoque menos tecnológico.

▶ Cuando te permite hacer algo de inmediato, en lugar de requerir demasiado tiempo para construir una infraestructura.

▶ Cuando la tecnología no se ha probado y quizá tenga defectos por corregir.

▶ Cuando agotaste las soluciones de alta tecnología y sigues queriendo hacer más.

▶ Cada vez que la poca tecnología sea suficiente. ¡No compliques en exceso las cosas!

Ponte donde te vean

Usa tus cuentas de redes sociales y las conexiones que ya tienes para bloguear, tuitear y avisar sobre tu empresa a la gente que ya conoces. Estas personas ya están interesadas en lo que dices, de modo que les entusiasmará enterarse de tu nuevo emprendimiento.

Por supuesto que tienes que cuidar tanto lo que difundes como la frecuencia con la que lo publicas. No quieres que la gente se harte de oír del nuevo video de yoga que grabaste al grado en que dejen de seguirte. Subir información que suena como publicidad autopromocional («¡Véanme, compren mis cosas!») quizá no inspire a la gente. Si estás promoviendo un video de yoga, sube un segundo video de 30 segundos que demuestre cómo hacer una postura, explicando que hacerla tres veces al día aliviará el estrés. Las personas verán de primera mano el tipo de material que encontrarán si compran tu video y será información útil para ellos. Eso es mercadotecnia buena e inteligente.

Utiliza tu red existente para llegar a una red más amplia. Es posible que quienes te conocen estén felices de ayudarte. Escribe como invitada en el blog de una amiga, pide a tus amigos que compartan tus fotos en Pinterest, comunícate con otros blogueros para ver si pueden poner un vínculo a tu blog en sus propias páginas. Sólo asegúrate de que lo que publiques tenga un propósito. Debería relacionarse con tu empresa incipiente y promover tus metas.

La cantautora Alyson Greenfield creó un blog con un propósito: conseguir una audición en el festival de música Lilith Fair. En su lugar, condujo a la creación de un festival musical independiente donde se presentaron mujeres asombrosamente talentosas que componen todo tipo de música creativa y que no tenían una plataforma más grande donde compartir su música. Y así nació el Tinderbox Music Festival.

Alyson

En 2010, Lilith Fair entró de nuevo en escena. Yo solía bromear y decir que si ahora que yo tocaba música hubiera una Lilith Fair, sería fantástico participar. Así comencé un blog titulado Dear Lilith Fair 2010 (Querida Feria de Lilith, 2010) y empecé a mandarles cartas. Les escribí canciones y les conté sobre todas mis cosas feministas y sobre cuando fui porrista en secundaria y lo raro que eso fue. Les conté que estaba en la junta de la National Organization for Women (Organización Nacional para las Mujeres) y en un proyecto de empoderamiento para las mujeres jóvenes. Bueno, pues no toqué en la Lilith Fair, pero tuve otra idea. Allí nació Tinderbox. Había estado pensando en iniciar un blog, pero mi amiga me dijo: «Necesitas tener un propósito para tu blog. No puedes nada más tener un blog; todo el mundo tiene uno». Así que decidí que esto se ajustaba a la perfección. Podía tener un blog donde me promoviera para que me incluyeran en la Lilith Fair. Por todas partes veía mujeres asombrosamente talentosas que componían todo tipo de música creativa, muy innovadora y diferente, y que no tenían una plataforma más grande para compartir su música. Ellas no tocarían en la Lilith Fair y yo tampoco lo haría. Había hecho algunas presentaciones en South by Southwest y me di cuenta de que era bastante buena para este asunto de conseguir contratos. Y entonces me dije, ¿qué tal si empiezo un evento donde se presenten todas estas mujeres asombrosas, el cual podría realizarse en Brooklyn?

Actúa como si supieras qué estás haciendo

A veces no sabes la respuesta a una pregunta, pero lo averiguas cuando estás con la espada contra la pared. A veces no sabes cómo redactar un plan de negocios cuando alguien te pide que se lo envíes, así que asientes con la cabeza y prometes que lo mandarás pronto. Luego vas a casa e investigas como loca y le pides ayuda a cualquiera que encuentres, hasta que escribes y envías el plan de negocios como si todo el tiempo hubieras sabido lo que estabas haciendo. Así es pre-cisamente como funciona: a veces primero tienes que decir que sí y averiguar cómo lo harás después de salir de la habitación.

Entonces, ¿qué pasa si nunca antes has propuesto una idea y tu primer cliente potencial te invita a una junta de presentación?

Nellie y Alex se dieron cuenta de que simplemente tenían que prepararse y lanzarse cuando empezaron Purpose Generation, una empresa de consultoría para ayudar a las compañías a comprender y comunicarse con los milenials.

Nellie

Vivimos según el lema de «Actúa como si supieras qué estás haciendo». Nos preparábamos en exceso para cada presenta-ción, porque sabíamos que teníamos que ir más allá de lo que se esperaba, en vista de nuestro historial limitado. Practicamos nuestras exposiciones en frente de cada amigo o familiar que quisiera escucharnos y anticipábamos cualquier pregunta que pudieran hacernos. Tener una socia en este proceso fue invaluable. No sé cómo podría haberlo hecho sola. Nos cono-cíamos a tal nivel que podíamos terminar las oraciones una de la otra y siempre nos protegíamos entre nosotras, lo cual nos dio la confianza adicional que necesitábamos para exponernos.

Chelsea Siler de la Canadian Broadcasting Company/Radio Canada también se arriesgó cuando estaba empezando.

Chelsea

Cuando estaba empezando era asistente de producción. Me enviaban por el café, transcribía las cintas, hacía todo lo que nadie más quería hacer. Luego decidí dar el siguiente paso. Había un nuevo programa que se estaba creando. Yo manejaba el teleprónter —lo cual era muy estresante— para una audición con personas que potencialmente aparecerían en el programa. Dije: «Me gustaría estar en este programa» y terminé siendo corresponsal. Siempre tuve un poco de dudas acerca de mí misma. Se suponía que sería la asistente de producción y ahora estaba en el programa. Pero, como dicen: «Actúa como si supieras qué estás haciendo».

Y seguí preguntando: «Necesitan un escritor para este programa. ¿Puedo escribir el guion? Necesitan una productora. ¿Puedo ser yo?». A veces me decían que no y regresaba a servir café. Pero luego fui a Los Ángeles y entrevisté al actor Fred Dryer. Yo era asistente de producción, pero el productor tuvo un ataque de alergia y no podía dejar de estornudar. La persona que hacía la entrevista tenía que estar en silencio, de modo que el productor me pasó el papel con las preguntas y yo entrevisté a Dryer. Terminó contándome detalles que nunca había compartido públicamente a la prensa sobre un desacuerdo que sucedió en el programa y yo regresé con una grabación que fue lo mejor que pudimos haber pedido.

A partir de ese momento, me confiaron trabajar con grandes celebridades. Si no hubiera pedido estar en ese puesto, y no hubiera aprendido cómo poner las luces y ser una asistente de cámara realmente buena, nunca habría podido hacerlo.

Lanzarte al lado profundo de la alberca antes de saber nadar tiene muchas cosas a favor. Te obliga a descubrir soluciones y a no pasar por alto la oportunidad a causa del temor. A veces puedes alcanzar el éxito precisamente porque no lo sabes todo. Eso significa que no eres tan cauta y que no tienes que cuestionarte al grado en que te derrotes a ti misma antes de comenzar siquiera.

Alyson Greenfield nos habla sobre cómo comenzó el Tinderbox Music Festival

Alyson

La música fue una de las plataformas en las que me interesó hacer algo más grande en el mundo. Vi la Lilith Fair y pensé: *Vamos, probablemente podría hacer eso.* La ceguera y la ignorancia pueden servirte. Puedes hacer algo porque si supieras todo lo que se requiere no lo harías, porque sería demasiado abrumador. No saber y hacer te permite conseguir cosas.

Entiende el comportamiento de los consumidores

Observa lo que la gente hace y haz adaptaciones con base en tus observaciones. Suena sencillo, ¿no? Pues sí lo es. Un consumidor es cualquier persona que compra algo, ya sea un servicio, como el diseño de una página web, o un objeto, como una playera impresa en serigrafía. Tú eres una consumidora. Compras las cosas que te gustan. Empieza pensando en tu propia conducta. ¿Qué hace que haya una mayor probabilidad de que compres algo? ¿Un empaque bonito? ¿Una buena oferta? ¿Verlo en alguien a quien conoces y que consideras es una persona que impone tendencias? ¿No ver nada parecido en ningún lado? ¿Un descuento por mayoreo? ¿Exclusividad? Observa lo que hacen quienes te rodean. Algunas personas adoptan las tendencias antes y son las primeras en probar el nuevo teléfono, en tener el nuevo sistema de sonido en su casa. Luego están aquellos que esperan a que baje el precio, que se resuelvan los defectos y que la competencia lo fabrique mejor. Y finalmente están quienes esperan la aparición de las copias baratas. ¿Qué hace *tu* mercado objetivo? Cuando lo hayas averiguado puedes encontrar formas de proporcionarles lo que quieren. Si te diriges a personas a las que les gusta ser las primeras en comprar algo, tienes que mostrarles continuamente cosas nuevas. Si quieres atraer a las masas, mantén tus precios dentro de su alcance.

Habla, habla y vuelve a hablar

Nunca subestimes el poder de la conversación. O del blog que te encanta escribir. Sí, la gente encuentra información buscando en Internet y eso no cambiará. Según AdWords de Google, la búsqueda en línea es la principal manera en que la gente obtiene información sobre un producto antes de adquirirlo. Sin embargo, ¿sabes qué está en un cercano segundo lugar después de eso? Hablar con amigos y familiares. Eso significa que toda conversación que tengas podría llevar a una venta. Significa que cuando tu tía te pregunta cómo estás y a qué te dedicas mientras están en la fiesta de cumpleaños de tu primo, en lugar de sentir que hablar de tu empresa es lo último que querrías hacer, ármate de valor y ponte a conversar. Porque esa amiga que está parada junto a tu tía podría escucharte y cuando llegues a la parte sobre el nuevo *ganache* que estás usando en los pasteles de boda que horneas, ella podría anunciar que está planeando la boda de su hija. Podría contratarte, y luego de que dejes a todos asombrados en la boda, seis personas más podrían preguntarle quién hizo el pastel. Y listo, tu negocio está en marcha. Nunca sabes quién podría estar oyendo.

Cuando te reúnas con una amiga para tomar café y te pregunte cómo estás, habla de lo que estás haciendo. Menciona que estás trabajando con gran ahínco en diseñar centros de mesa florales para una fiesta de Navidad. La persona a dos mesas de distancia quizá esté buscando a una florista y le acabas de dar personalmente una presentación de negocios. La publicidad de boca en boca empieza contigo.

Todos confiamos en nuestros amigos y familia. Si queremos probar el yoga, es muy fácil que le preguntemos a una amiga dónde practica e ir con ella para tener una primera sesión. Si quieres conseguir calcomanías para uñas, probablemente pienses en alguien que lleva el tipo de uñas que tienes en mente. Puedes estar segura de que la gente hará lo mismo en tu caso. La siguiente vez que alguien necesite un pastel de bodas, probablemente le preguntarán a una amiga quién le hizo el suyo. Y tú quieres ser el nombre que ella le dé a su amiga.

Por supuesto que puedes pagarle a Google para que tu negocio aparezca en sus listados o pagar a sitios de primer nivel para que pongan tus anuncios en línea. Pero, ¿necesitas hacerlo? Probablemente no será lo mejor al principio. Es posible que llegue el momento en el que necesitarás estrategias mayores y, con suerte, entonces tendrás los ingresos para pagarlas. Pero mientras llegas allí, puedes estar segura de que la difusión de boca en boca es una potente forma de transmitir el mensaje.

Cómo no ser una vendedora odiosa

Para todo existe un momento y un lugar. Elige el momento apropiado para mencionar tu producto. No promuevas tu negocio en una boda justo antes de que el novio y la novia digan «Acepto». No llames a la gente durante la cena e intentes vender.

Acepta un no por respuesta. Aprende a aceptar tranquila y gentilmente el rechazo. Si alguien te dice amablemente que no, acéptalo. No seas molesta y acoses a esa persona todos los días del resto de su vida. Es posible que algún día cambie de opinión, pero definitivamente no lo hará si eres una odiosa.

Investiga antes de tratar de hacer una venta y asegúrate de que tu cliente potencial sea una posibilidad realmente buena. ¿Tu cliente necesita realmente tu producto? ¿Lo ha comprado antes? ¿Puede pagarlo? Conoce esa respuesta antes de sugerirlo.

Sé amable, educada y no demasiado insistente.

Nunca abrumes con correos publicitarios a nadie que casualmente esté en una lista de correos no relacionada que puedas tener. Eso sólo los incomodará.

Dale a la gente la opción de salirse de tu lista de correos electrónicos o boletines. (Pero, con suerte, no lo harán).

«Un excedente de esfuerzo puede superar un déficit de confianza».

—SONIA SOTOMAYOR, JUEZA DE LA SUPREMA CORTE DE JUSTICIA DE LOS ESTADOS UNIDOS

Capítulo 9

Domina las redes sociales

L as redes sociales ya forman parte de la existencia diaria de todos, pero hay diferencias entre usarlas para mantenerte actualizada enviando fotos y tuits a tus amigos, y usarlas para promover tu empresa emergente. Hay buenos y malos usos de las redes sociales, y el truco consiste en aprender a distinguir entre ambos para que no te encuentres marcando tendencias por las razones incorrectas. Las mejores campañas de redes sociales se vuelven virales porque dan qué pensar o es divertido verlas, y si puedes crear algo que genere que tu mensaje se comparta y tenga retuits, al tiempo que da publicidad a tu negocio, habrás descifrado la clave de las redes sociales.

No todo lo que publicas para tus amigos y seguidores en relación con tu empresa emergente tiene que ser trascendental, pero sí debe importar. Necesita lograr que alguien le preste atención. Eso no quiere decir ahogar a la gente con una cadena interminable de publicaciones con cada idea y capricho que te venga a la cabeza. Ahórratelo para tu página personal. Limita las publicaciones sobre tu negocio a una foto daría con un buen pie en Instagram o Facebook. Lo mismo se aplica a Twitter y Snapchat. Guárdate las publicaciones múltiples para algo especial: la antesala del lanzamiento de tu nueva canción en iTunes, la cuenta regresiva para el momento en que tu producto estará disponible en anaqueles o en una boutique de temporada, los pocos días que faltan para el estreno de tu obra de teatro. El enfoque de cuenta regresiva crea entusiasmo, pero debes usarlo con prudencia. La gente tiene mucha mayor tolerancia a las publicaciones múltiples si incluyes un concurso o un regalo. Eso les da un incentivo para consultar la página para averiguar si fueron los afortunados ganadores de tu gorra tejida con audífonos integrados que estás a punto de lanzar al mercado.

Simplifica y optimiza tus esfuerzos en redes sociales. Puedes llenar tu página de Facebook con fotos al mismo tiempo que las subes a Instagram con un clic y llegar a dos públicos potencialmente diferentes que sólo ven uno o el otro.

En su forma más básica, las redes sociales son una manera fantástica e inmediata de hacer una convocatoria masiva sobre tus ideas y ver lo que la gente piensa, y de compartir fotos y noticias sobre lo que estás haciendo. Te ayudarán a seguir actualizada en cuanto a las tendencias y obtener una retroalimentación casi instantánea de fanáticos y seguidores. Las veces que se comparten tus publicaciones y los «me gusta» rápidamente te darán una información estupenda sobre lo que estás haciendo bien y las cosas que atraen la mirada de los clientes a los que quieres dirigirte. Puedes comunicar acerca de un nuevo diseño de papelería o una venta privada por medio de un rápido tuit, correo electrónico o publicación, en lugar de tener que depender de los lentos correos tradicionales que tardan un día en llegar. Además, es gratis.

Mantente alerta en cuanto a la siguiente red social de moda. Un día es Instagram, al siguiente es Snapchat. Eso no quiere decir que tengas que correr de uno a otro publicando cosas en todas partes con la esperanza de alcanzar popularidad. Por el contrario, presta atención y averigua dónde conseguirás la cantidad adecuada de atención para tu negocio. A veces, mantenerse a la vanguardia tiene más que ver con escuchar que con hacer.

Empieza utilizando los mismos sitios de redes sociales que usas para mantenerte en contacto con tus amigos. Sé asertiva. Diseña una página con tu nuevo nombre y ponle tu logo. Nunca sabes quién podría ver un mensaje tuyo justo en el momento correcto para hacer una venta.

Lo mejor que puedes hacer es publicar algo que se comparta. A veces es difícil imaginar lo que sucederá. Si todos supieran cómo volverse virales, todos lo harían. Pero piensa en el tipo de cosas que compartes. ¿Son historias divertidas? ¿Videoclips espontáneos? Tú conoces a tus amigos y sabes qué les gusta. Tan solo decirles «Reenvía esto a tus amigos para ayudarme a lanzar mi negocio» es una buena manera de iniciar tu campaña de publicidad de boca en boca.

Alex Douwes y Nellie Morris de Purpose Generation aprendieron a ser flexibles en el uso de las redes sociales

Nellie y Alex

Cuando empezamos, usábamos atuendo formal y vocabulario empresarial con la esperanza de volvernos más creíbles a los ojos de nuestros clientes. Sin embargo, ahora que ya tenemos una trayectoria, nos sentimos más cómodas mostrando nuestra personalidad; de hecho, nos dimos cuenta de que nuestros clientes *esperan* que seamos más vanguardistas. Después de todo, por eso nos contratan.

Un reto que enfrentamos es que intentábamos atender a dos públicos muy diferentes en redes sociales: por un lado teníamos a nuestros clientes, que son grandes corporaciones y, por el otro, queríamos comunicarnos con los milenials y con los potenciales miembros de tribus. Teníamos que encontrar un justo medio y ser respetuosos de los clientes a los cuales representábamos, pero también entendemos que el propósito de las redes sociales es mostrar un aspecto más accesible de uno mismo ante el mundo exterior, proporcionando una ventana hacia tus opiniones y emprendimientos personales. Cada vez que publicamos una foto de nosotras viajando o en los eventos, el interés que generamos se duplica o triplica, de modo que tratamos de sentirnos más cómodas compartiendo nuestras historias personales en esta plataforma.

¡Peligro a la vista!

Por supuesto que debes ser cuidadosa. Asegúrate de que lo que difundes al mundo sea realmente algo apropiado para compartir. Nunca publiques información o imágenes de naturaleza íntima. No proporciones tu dirección o teléfono. Mantén las cosas en un nivel profesional.

Chelsea Siler, de la Canadian Broadcasting Company/Radio Canada, da la perspectiva de largo plazo.

Chelsea

Si este tuit estuviera en un anuncio espectacular en la avenida más concurrida al lado de tu foto, ¿estarías de acuerdo con ello? Sé que cualquier persona que me contrate va a conseguir mi cuenta de Instagram y mi cuenta de Twitter. Creo que no tuitear eso que es un poco polémico no cambiará nada, pero tuitearlo podría arruinarlo todo. Cuando estás en la escuela, estás aprendiendo y desarrollándote, y no piensas en el momento en que cumplirás 33 años y solicitarás el puesto de vicepresidente. Estás pensando en que tuviste una semana realmente difícil de exámenes finales y quieres celebrar.

Tienes que entender cuánto tiempo duran las cosas en línea. Así que si vas a poner tu nombre en algo, durará para siempre. Las fotografías siguen viviendo para siempre. No me gusta decirle a la gente que evite las redes sociales porque allí es donde viven las comunidades, pero si quieres ser una persona exitosa en los negocios y en la vida, necesitas poner un filtro a tu vida en línea.

Las Fe Maidens (Damas de hierro), un equipo preparatoriano de robótica, toman en cuenta los aspectos negativos de exhibirse en las redes sociales.

Charlotte, capitana del equipo

Nuestro equipo es muy activo en todas las redes sociales, incluyendo Facebook, Twitter e Instagram. Las usamos para interactuar con otros equipos FIRST (siglas en inglés de «Para el reconocimiento de la ciencia y tecnología»); para conservar a nuestro patrocinador, para mantener informados de nuestras actividades a nuestros miembros y a los alumnos, y para ayudar a difundir el mensaje acerca de las mujeres en STEM. Por útiles que puedan ser las redes sociales, también pueden ser un lugar muy negativo. La gente es mucho más desagradable en línea de lo que lo sería en persona. Y cualquier cosa que subas a la web se quedará allí para siempre.

Demasiada información y excesos al compartir

Qué sí debes hacer y qué no en las redes sociales

Sí debes comunicar las novedades a tus amigos, seguidores y círculos: Un nuevo diseño de joyería, un nuevo lugar donde comprar tus bolsos de mano, una renovación de tu sitio web. Las cosas nuevas conducen a nuevas ventas.

NO debes contarle a la gente cada vez que cambies de camisa o publicar lo que desayunaste. Esto funciona para algunas celebridades de las redes sociales, pero es difícil hacerlo de la manera correcta y si agobias a tus seguidores, es posible que dejen de prestarte atención.

SÍ debes anunciar cuando suceda algo fabuloso: Alcanzaste una meta, vendiste tus primeras 1 000 hogazas de pan de plátano, lograste llevar tu mostaza a los anaqueles del principal supermercado. Deja que tus clientes, amigos y simpatizantes compartan tu éxito.

NO debes hacer que suene como alarde. Debes ser humilde en relación con tu éxito. Es un honor que te hayan elegido. Eres afortunada de tener esa nueva oportunidad. La clave es la humildad.

SÍ debes incluir fotografías: Usa Instagram y Pinterest para que puedas mostrar, no decir, lo que estás haciendo. Los «repines» hacen maravillas por las nuevas ventas.

Deja que las redes sociales investiguen por ti

Mantén los ojos y los oídos abiertos a las cosas de las cuales la gente habla, publica, le da «me gusta» y comparte. Úsalas para moldear las ideas de tu negocio.

Vuélvelo divertido. Puedes diseñar una gráfica o registro de cuántos amigos «repinean» una foto en Pinterest o un video de Upworthy. Luego medita un poco en ello. Trata de averiguar cuál fue el ingrediente mágico que provocó que valiera la pena enviarlo a los demás. ¿Fue chistoso? ¿Fue una parodia de una canción de moda? ¿Se trató sólo de un gran uso del plátano y las chispas de chocolate para hacer fantasmas para Halloween?

Luego ve si puedes diseñar algo tú misma según estas normas. Haz tu propia campaña de redes sociales usando fotos ingeniosas o bellas, o canciones divertidas y pegajosas. Saca tu celular y haz un video sobre tu negocio. Hazlo entretenido y tus amigos lo reenviarán.

Investiga a tus clientes leyendo las reseñas en línea. Lee los comentarios en sitios de reseñas como Yelp, Citysearch y Amazon, que son lugares donde los usuarios expresan abiertamente sus opiniones. Si una nueva tienda de helados italianos está vendiendo sabores aburridos, los usuarios entrarán a Yelp para decirlo. Si un competidor desarrolló la combinación más embriagadora de helado de chocolate con caramelo salado, los fanáticos hablarán al respecto. Usa esa información para obtener indicios sobre lo que le gusta a la gente, lo que odia y lo que considera importante. Encontrarás pequeños detalles que nunca se te hubieran ocurrido en un millón de años con sólo examinar un grupo de reseñas. Luego úsalas para mejorar tu negocio.

Pide retroalimentación directamente. ¿Intentas decidir si tu logo se quedó atrapado en los años noventa? Pregúntales a tus amigos y seguidores. ¿Buscas recomendaciones para una buena lectura para las vacaciones? Simplemente pregunta cuáles le gustan a todo el mundo. Luego usa la información para tomar decisiones inteligentes sobre qué hacer. La investigación directa te proporciona información real, con el poder de volverte mejor en los negocios.

Si es noticia, ¡divúlgala de inmediato!

Permite que la gente se entere de las novedades —ya sea un nuevo diseño de ropa, una nueva columna en tu blog, un descuento de compra diez y llévate uno gratis— a través de cualquier red social que usen tus amigos y clientes para mantenerse en contacto contigo. La naturaleza inmediata de las redes sociales te permite decidir de improviso hacer una liquidación de todos los diseños del año pasado. Y si lo das a conocer por medio de las redes sociales, se presentarán a tu venta ¡hoy mismo! Puedes descubrir que el periódico local hizo una reseña sobre tu nuevo pastel de queso con sabor frambuesa-vainilla y avisarle a la gente dónde puede encontrarlo antes de que esa reseña salga del quiosco o migre a los archivos del sitio web del periódico. Aprovecha la inmediatez de las redes sociales.

Como cualquier cosa que tiene la ventaja de ser instantánea, inmediata y rápida, las redes sociales también tienen inconvenientes. Asegúrate de verificar dos —o tres— veces lo que estás a punto de difundir, tuitear o enviar, antes de que quede registrado para siempre frente al mundo. No puedes detener la señal de aviso de una red social después de que ha sonado. Vuelve a leer antes de enviar.

Recuerda ser consistente. Si te comprometes a bloguear o tuitear dos veces al día, no dejes de hacerlo. La gente se acostumbra a ver publicaciones regulares y empezará a esperarlas. Pero no los aburras. Siempre ten algo nuevo que compartir, aunque sólo sea un nuevo elemento gráfico o una idea actual.

Chental-Song Bembry ha vendido más de 3000 ejemplares de los libros de The Honey Bunch Kids y está trabajando en una novela gráfica y en una serie animada para televisión basada en sus personajes. Es gran creyente del uso de las redes sociales para difundir su mensaje.

Chental-Song

Yo estoy en Facebook, Instagram y Twitter. El uso de las redes sociales tiene todo que ver con la promoción incesante de tu producto. Si todo el tiempo lo muestras, a la larga la gente empezará a verlo y formarás un grupo de seguidores.

Yo he usado Google ads en el pasado, pero en este momento me estoy tomando un descanso de la publicidad pagada y estoy promoviéndome yo sola y utilizando un montón de etiquetas en Instagram para difundir mi trabajo, porque si las personas buscan #art, pueden ver los dibujos. No puedes detenerte, porque a la larga la gente te encuentra.

Pon las cosas en perpectiva

¿Por qué siempre te advertimos que debes mantener la perspectiva y no permitir que las cosas se salgan de control? Porque parte de la naturaleza humana es perseverar en aquello que nos importa, excluyendo a veces todo lo demás. Las redes sociales pueden ser especialmente seductoras y antes de que te des cuenta, te fundes con tu pantalla.

Todos hemos sido testigos de ello: esas personas pesadas que no pueden dejar de lado su teléfono mientras conversan contigo. Están sentadas frente a ti en un restaurante, pero sus ojos están puestos en su teléfono y los dedos les bailan incesantemente mientras escriben, desplazan pantallas y se mantienen al tanto de todo, *menos* de lo que tú les dices. Es odioso, ¿no?

Puedes mantenerte al tanto de las redes sociales y usarlas para beneficiar a tu empresa sin volver locos a todos los que te rodean. Cuando tienes tu propio negocio, hay dos trampas en las que por lo general la gente cae: divertirse tanto postergando las cosas y hacer todo y nada al mismo tiempo para evitar trabajar, que nunca pasa nada o, más comúnmente, trabajar tanto el día entero que se olvidan de que existe una cosa que se llama jornada laboral. Toda tu vida gira alrededor del trabajo. Sin embargo, necesitas poner todo en perspectiva.

Sí, debes trabajar mucho, cuando creas tu propia empresa, tú eres la que hace la mayor parte del trabajo. No obstante, eso no quiere decir que te alejes de tu familia y amigos porque estás tan concentrada en desarrollar tu negocio que es imposible hablar contigo. Deja el teléfono, cierra la laptop, apaga el *e-reader* y ten experiencias. Reúnete con los demás y habla con ellos sin permitir que la tecnología se interponga entre ustedes. Estará allí más tarde.

La belleza de la tecnología es que no la limitan los husos horarios y las horas de vigilia. Puedes enviar cartas a mitad de la noche si así lo quieres. Sin embargo, el beneficio de desconectarte y vivir el momento presente es que la vida sucede a tu alrededor. Te enterarás de las conversaciones y del murmullo de la vida, que es la fuente misma de la creatividad, tan necesaria para una persona cuando inicia algo nuevo. No puedes saber lo que el mundo quiere si lo bloqueas mirando tu teléfono. Ponlo sobre la mesa y dedícate simplemente a absorber el mundo que te rodea. Te alegrarás de hacerlo.

Gabrielle Jordan, quien inició Jewelz of Jordan cuando tenía apenas 9 años, tiene una opinión un tanto diferente sobre las redes sociales en el contexto del mundo real.

Gabrielle

Las redes sociales son importantísimas, en especial en la actualidad. Crecí en un mundo tecnológico y aunque fue antes de Instagram y Twitter, eso siempre ha existido. Personalmente no soy la mejor en las redes sociales, pero he estado aprendiendo y trabajando en ello. Ahora son muy importantes en los negocios, no sólo para establecer contacto con los jóvenes, sino también para comunicarte con la gente a gran escala. Puedes crear redes, construir tu marca y desarrollar tu negocio desde una laptop sobre tu cama. Se trata de que te asegures de publicar lo suficiente como para que las personas puedan verte, pero no que las agobies, y que te asegures de que cada *hashtag* se diseñe para llegar a la gente correcta a la que le quieres vender, o a las personas correctas que te quieren contratar para hablar. Está en segundo lugar sólo después del mundo real. No tienes que limitarte a tu estado o a tu país, sino que puedes comunicarte con personas de todo el mundo.

Como jóvenes empresarias, una de las cosas que tenemos que equilibrar es asegurarnos de publicar de manera profesional, pero no parecer demasiado profesionales. No maduras con demasiada rapidez. Asegúrate de darle un toque personal. Yo me concentro en demostrarle a la gente que soy una joven empresaria.

¡Agrupa tu información!

Intenta ser tan eficiente como te sea posible cuando uses las redes sociales. Usa programas como Posling, Spindex, Hootsuite o Google Buzz, donde puedes organizar tus redes sociales en un solo lugar. Postling te permite ver dónde publicas información y cómo se está viendo. Hootsuite te permite configurarla de modo que decidas dónde y cuándo se compartirá la información. Google Buzz coloca en un solo lugar todas las publicaciones de blogs que quieres leer, así no tienes que pasearte por toda la web cliqueando para encontrar los blogs que sigues.

También hay aplicaciones y sitios web que te ayudan a consolidar la RSS (sindicación realmente simple) en un solo lugar, realizan búsquedas en múltiples sitios y combinan amigos. Las redes sociales y los servicios agregadores cambian casi cada minuto, de modo que es prácticamente imposible decir aquí algo que siga siendo válido seis meses después. Para tus propósitos como nueva empresaria, simplemente ten en mente que existen los agregadores y que pueden ayudarte a evitar la necesidad de buscar en múltiples sitios para encontrar lo que quieres o a combinar tus actualizaciones de redes sociales en un solo sitio. Cuando eso se vuelva útil para tu proyecto, tendrás ayuda más que suficiente para organizarte.

«El éxito no tiene que
ver con lo que piensan
los demás acerca de tu
vida, sino con lo que
tú sientes al respecto.
Nos dimos cuenta de
que ser exitosos no
tiene que ver con ser
impresionantes, sino
con estar inspirados. Eso
es lo que significa ser
leal a ti mismo».

—MICHELLE OBAMA, EX PRIMERA DAMA

Capítulo 10

El espacio de tu negocio

E l «espacio de tu negocio» no es la ubicación física en la que trabajas. Es el mercado más amplio y metafórico donde tu empresa
existe en el mundo e incluye a las demás personas, tanto colegas como competidores, que pueblan ese espacio, y a los innovadores
que provocan constantemente que ese espacio cambie y se desarrolle.
Estamos hablando de las personas que trabajan en tu área. Esa es tu
gente. Enfrentan retos similares a los tuyos y es posible que hayan en-
contrado soluciones que desean compartir o recursos que tienes que
verificar, o tal vez necesiten ayuda igual que tú.

Búscalos para asociarte con ellos, compartir ideas, compade-
cerse unos a otros o agrupar los recursos. La unión hace la fuerza.

¿Dónde está tu gente?

Una vez que tengas un grupo confiable de confidentes, tu caja de
resonancia, tendrás a la mano una estructura formada por personas
que te ayudarán a navegar por el mundo en el que venderás. Así pues,
¿cómo los encuentras?

Mira alrededor. ¿Acaso todos los pasteleros que has conocido
ponen puestos en los mercados de productores locales cuando están
empezando? Quizá ese sería un buen lugar para vender tus galletas

artesanales. Echa un vistazo a las ferias locales de artesanías y observa quiénes venden allí. Busca ideas sobre cómo exhiben sus productos, cómo se distinguen los mejores de los comunes y corrientes, y cómo puedes aprender de sus ideas. No olvides preguntarles a tus colegas qué hacen para promover su negocio. Ellos pueden contarte sus errores y tú puedes decirles los tuyos. Quizá todos puedan ayudarse entre sí a evitar los escollos en el futuro.

Entra en línea. Echa una mirada al espacio en línea. Es posible que algunos miembros de tu comunidad (o todos) hagan negocios en línea. Por ejemplo, los escritores de *fan-fiction* generalmente se encuentran sólo en línea, y escriben y comparten su trabajo con una comunidad en el ciberespacio. Averigua.

Evalúa constantemente el mercado que te rodea. Si las últimas tres ferias de artesanías donde tuviste un *stand* para vender tazas de arcilla están saturadas con cerámica como la tuya, es momento de reevaluar la situación. ¿Estar junto a empresas emergentes similares fomenta tu negocio porque los clientes potenciales acuden a ferias de artesanías buscando cerámica? ¿O notas que la gente está comparando tus productos con los de tus competidores a tres puestos de distancia y estás perdiendo ventas potenciales? Tal vez necesitarás probar con una feria de artesanías donde seas la única alfarera y compararlo con cuánto vendes cuando eres una entre muchos. Luego decide cuál es la mejor estrategia.

A veces es benéfico pensar como un rival. Si todos venden cerámica en las ferias artesanales, distíguete. Puedes vender otra cosa o vender tus productos en otro sitio. Ve a donde tu producto tenga más oportunidad de destacar, o piensa en una nueva idea que no se le haya ocurrido intentar a los demás. Aunque no esté probado, puedes ser la primera en hacerlo. Nunca temas ir a donde nadie ha ido antes.

Conoce a la competencia

Innova siempre. La mejor manera de hacerlo es sabiendo lo que hacen otras empresas de tu espacio. No te estamos diciendo que busques formas de sabotear a los demás en tu ramo, pero sí necesitas entender todo lo que puedas acerca de lo que ellos hacen y cómo lo hacen. A veces eso puede ser tan fácil como explorar sus sitios web o a través de la simple observación. ¿Usan PayPal? ¿Venden en Etsy? ¿Bloguean todos los días o sólo una vez por semana? ¿Ofrecen muestras gratis o regalos?

Lleva un registro de este tipo de información. Enumera las compañías a las que sigues y describe las categorías a las que estás dando seguimiento. Quizá tu meta sea observar con cuánta frecuencia actualizan su blog o su contenido en redes sociales, qué venden, y, cuando introducen nuevos productos, dónde reciben cobertura por parte de la prensa. Invierte tiempo en pensar cómo encaja tu negocio en este tipo de modelo. ¿Tiene algún sentido que subas actualizaciones diarias a tus redes sociales? ¿Deberías mostrar más fotos de las que subes actualmente? Si ellos están haciendo algo estupendo, puedes incorporarlo a tu negocio.

El mayor dilema que enfrentarás al examinar a tus competidores es tener un equilibrio entre seguir su ejemplo y encontrar tu propio camino. Si todos los fotógrafos de eventos que has visto toman fotos espontáneas y posadas, ¿tiene caso que sólo ofrezcas fotografías espontáneas? Es posible que los clientes hayan llegado a esperar ambos tipos de imágenes en sus fiestas y quizá se decepcionen si sólo haces tomas espontáneas que quizá no agrupen en una sola foto a cuatro miembros de la familia. Pero si desarrollaste un estilo personal de fotografía que capta los momentos espontáneos mejor que los demás fotógrafos, eso te da una ventaja única y una razón para elegirte entre todos los fotógrafos convencionales. Observa cómo reaccionan los clientes. Mantén la vista puesta constantemente en la competencia para que puedas decidir si harás lo mismo que ellos para estar actualizada o si quieres hacer las cosas de modo diferente. No existe una sola respuesta correcta.

Arriésgate. Recuerda que la suerte favorece a los audaces. Sin embargo, asume riesgos calculados, no insensatos.

Tu espacio de trabajo

Necesitas establecerte en algún lugar. Al principio, es probable que ese lugar sea la mesa de tu cocina, tu cochera o la habitación de huéspedes de tu casa. No importa cuál sea tu espacio, pero asegúrate de que sea tuyo. Eso significa que deberías dedicar un sitio para comenzar y desarrollar tu negocio, aunque sea una sola mesa en una esquina donde puedas hacer bocetos y almacenar suministros para tu empresa emergente. Aduéñate del espacio, úsalo sólo para tu negocio y protégelo. No avientes tu tarea al lado de tu escritorio y digas que es una oficina. Tarde o temprano, esa tarea irá creciendo y es posible que tu oficina termine debajo de una pila de carpetas y de tu trabajo de literatura comparada. Tal vez puedas encontrar un par de archiveros en la cochera, poner un trozo de madera contrachapada encima y fabricarte una bonita superficie plana con almacenamiento debajo. A medida que crezca tu emprendimiento, tu espacio de trabajo crecerá para ajustarse a tus necesidades.

Sé disciplinada en relación con el trabajo que hagas cuando estés en tu espacio de trabajo: trabajar en casa exige concentración. Aparta horarios específicos de cada día para trabajar en tu negocio, igual que lo haces con una cita o programas una práctica deportiva. Aunque puedas dedicar una hora al día a encontrar ideas y poner en marcha tu empresa, descubrirás que en poco tiempo habrás progresado mucho.

Elige un espacio que te permita ser creativa y enfocar tu atención. Si puedes colocar tu escritorio para que dé hacia una ventana, eso podría ayudarte a encontrar ideas. Busca una buena lámpara de escritorio que te dé mucha luz. Si trabajas en una computadora, abre una carpeta separada para todos los asuntos relacionados con el trabajo. Esto te facilitará mucho la vida cuando llegue el momento de llevar registros, tratar con asuntos de dinero y encontrar lo que necesites.

Surte tu espacio de trabajo con suministros y tenlo organizado. Cuando te sientes a trabajar, intenta no distraerte con correos electrónicos y publicaciones de tus amigos. A veces es útil cerrar tu cuenta de correo electrónico y apagar el teléfono mientras trabajas. Es sorprendente cuántas cosas más puedes terminar sin esas distracciones.

Espacio de ventas

Si no usas solamente el comercio electrónico para vender lo que produce tu empresa emergente (el comercio electrónico incluye poner tus libros en Amazon y tu música en iTunes), es posible que necesites un espacio físico para que la gente acuda a comprar lo que vendes. Si eres una empresa de servicio, esto puede ser una extensión de tu espacio de trabajo, como una sala de conferencias a unos pasos de tu despacho donde puedas tener una junta, o puede estar en otro sitio, en oficinas compartidas o incluso en una cafetería donde puedas encontrar una esquina tranquila para hacer una presentación de ventas. Sin embargo, si tu empresa emergente produce algo que los clientes quieren ver, tocar y sentir, podrías necesitar un sitio para que lo hagan.

Al principio, manténlo simple. Es posible que existan ferias callejeras locales donde puedas poner un stand, o quizá el mercado de productores de tu ciudad tenga espacio para que pongas tu negocio los fines de semana. Recuerda que no puedes sólo aparecerte por allí. Necesitarás una autorización de venta y permisos anticipados para vender en la vía pública, pero son muy fáciles de obtener. Las leyes varían de un estado a otro, pero, en general, la actividad requiere que llenes una solicitud y pagues impuestos sobre los artículos sujetos a gravamen que vendas. Busca en Google «permiso de ventas» para el sitio donde vivas.

Establécete en el comercio de alguien más. No necesitas rentar todo el lugar. Puedes preguntarle al gerente de una tienda que venda artículos complementarios si tiene un programa de ventas por consignación, que es una manera elegante de decir que te permitirán poner tus muebles o camisetas en su tienda durante algún tiempo hasta ver si alguien quiere comprarlos. Y si alguien lo hace, la tienda dividirá las ganancias contigo. Algunos comercios dividen estas ganancias en una proporción de 50-50 por ciento, pero otras quizá deseen quedarse hasta con 70% del precio de venta. No temas negociar y asegúrate de establecer precios apropiados para tus artículos, de modo que las ventas a consignación sigan siendo un buen trato para ti. Si realmente les gusta lo que vendes, es posible que quieran hacerte pedidos para tener siempre tus artículos en sus anaqueles.

Una gran cantidad de dueños de pequeños negocios optan por este método comprobado para encontrar lugares dónde vender: van en persona a las tiendas de alimentos naturales o a la linda boutique minorista que está en la misma calle (recuerda que con frecuencia los dueños de pequeños negocios están dispuestos a ayudar a otros dueños de pequeños negocios) y preguntan si querrían mostrar sus creaciones en sus tiendas. Es posible que algunos no tengan espacio y te digan que vuelvas después. Otros quizá digan que sí de inmediato o te ofrezcan hacer una prueba durante un mes más o menos. Si tu producto se vende, también beneficia a su negocio y ellos siempre están buscando nuevas y fantásticas mercancías que atraigan a más clientes.

Espacios compartidos

A medida que crezcas —o si tu negocio requiere grandes maquinarias o mucho espacio— es posible que necesites instalaciones para producción, una cocina industrial o un sitio con múltiples máquinas de coser. Busca en los comercios de tu vecindario y averigua quién está haciendo qué. ¿Tienen espacio adicional? ¿Tienen un escritorio en la parte trasera? ¿Cuentan con algún equipo que puedas usar? Algunas ciudades tienen organizaciones cuya meta específica es proporcionar recursos —como equipos para impresión en serigrafía o máquinas de coser— a los miembros de la comunidad: investiga un poco y averigua qué está disponible donde vives. En el apéndice te proporcionamos una práctica guía con las organizaciones que podrían dar este tipo de ayuda u otro tipo de apoyo para las jóvenes empresarias que buscan iniciar una idea empresarial.

Busca en Craigslist y pregunta a tu red de conocidos para ver quién (el papá o el amigo de quién) podría tener un espacio que puedas usar de manera gratuita (o a cambio de llevar al perro a pasear, cuidar de sus hijos o algo que tu negocio pueda proporcionar). Quizá rentar tu propio espacio sea el mejor uso para tu dinero; en ese caso, hazlo. Sin embargo, si sólo necesitas un sitio dónde comenzar, averigua si puedes ahorrar en costos de renta hasta que tengas verdaderos ingresos; además, puedes gastar ese dinero en desarrollar otros aspectos de tu negocio.

Detección de tendencias: tú eres poderosa

Tú sabes quiénes son los amigos vanguardistas que siempre parecen ser los primeros en detectar tendencias y usar la ropa más moderna antes que nadie. Tal vez tengas la suerte de ser una de ellos. La mayoría de nosotros no imponemos tendencias, pero eso no importa. Toma nota de cuáles chicos son a los que siempre miran los demás para encontrar ideas de la moda ¡y estúdialos! Eso no abarca sólo el vestuario: existen marcadores de tendencias en todas partes dentro de los ámbitos de la tecnología, los alimentos, las artes, el servicio comunitario y los servicios: observa lo que hacen y úsalo para inspirarte.

Obtén información de los pronósticos. Esto es mucho más fácil de lo que suena. Los investigadores publican material en línea y envían su información a diarios y revistas. Quienes pronostican tendencias quieren que tú sepas que han dado en el clavo si pronosticaron con precisión, de modo que publicarán la información para que tú la encuentres.

Algunas cuestiones empresariales esenciales y cómo lidiar con ellas

¿Qué es una razón social?

La razón social significa que comercias bajo cualquier nombre que hayas elegido. Tienes que registrar ese nombre en tu ciudad o estado/provincia, de modo que sea oficial.

Impuestos, ¿qué es eso?

Sí, tienes que pagarlos, y no, el proceso no tiene que provocarte migraña. Cuando ya estés constituida oficialmente como negocio, el gobierno esperará enterarse de lo que haces. La buena noticia es que, cuando empiezas, es probable que los impuestos no absorban mucho de tus ganancias. Hasta que las cosas se vuelvan más complejas, es probable que puedas declarar tú misma usando un programa como QuickBooks o TurboTax.

No voy a manejar, ¿para qué necesito una licencia?

Tienes que avisarle a tu gobierno local quién eres y qué haces. Eso no te dificultará la vida y quizá, incluso, te proteja. Necesitan saber de tu existencia cuando establezcas oficialmente tu negocio y eso significa que deberás actualizar tu situación anualmente con declaraciones de información y reportes. La buena noticia es que casi todo se puede hacer por Internet.

¿OPI?

Sí, con suerte lo harás algún día, pero no por el momento. Una OPI (Oferta Pública Inicial) ocurre cuando tu negocio ha crecido lo suficiente como para que otras personas lo quieran. Compartirán acciones o pequeñas porciones de tu empresa a cambio de darte efectivo para que te desarrolles todavía más. Perderás parte de la propiedad de tu negocio y serás responsable ante otras personas del crecimiento continuo. Esto no se aplica para todos y sólo es una de las muchas maneras en las que puede crecer un negocio.

Existen servicios de suscripción que te proporcionarán investigación focalizada de ciertos grupos demográficos, pero existe tanta información gratuita que deberías ser capaz de obtener lo que necesites. Entra en wgsn.tumblr.com, trendhunter.com y psfk.com. Incluso los servicios pagados ofrecen a menudo una demostración gratuita o periodo de prueba, de modo que aprovéchalo y obtén un poco de información. Es posible que a lo largo del camino —cuando tu concepto empiece a redituar— estés en posición de pagar por los servicios de detección de tendencias. Toma nota de los que den buenos resultados.

No temas confiar en tus instintos y haz lo que sabes. Si lees un blog sobre brujas medievales, es muy probable que tus amigas también lo hagan y quizá también los demás. Si tu empresa involucra la ingeniería, sigue todo lo que suceda en TechCrunch Disrupt y métete de lleno en la web para encontrar las innovaciones en ciencia, tecnología, ingeniería, arte y matemáticas.

Aprende todo el tiempo

Prepárate más. Sé la persona mejor instruida de la habitación. Los emprendedores exitosos nunca dejan de aprender. Los jefes están dispuestos a entender el mundo que los rodea, el mercado más amplio del que forma parte su negocio y las personas cuyas necesidades satisfacen sus empresas. A eso se le llama contexto. Para establecer el contexto, necesitas ponerte al día en cuanto a lo que hacen otras personas en campos similares al tuyo. Aprende sobre sus estrategias de determinación de precios, sus clientes, su modelo de negocios. Gugléalos, pregunta sobre ellos a las personas que conozcas, añade sus blogs a tus favoritos, sigue sus publicaciones. Si eres el tipo de persona que conserva toda esa información archivada en su cabeza, adelante. Si te gusta hacer listas y usar carpetas y etiquetas, registra de ese modo todos tus datos. Si eres fanática de las hojas de cálculo, úsalas. Simplemente asegúrate de recopilar los datos cada vez que puedas.

Digamos que estás empezando una compañía teatral sin fines de lucro. La mejor información sobre cómo hacer negocios vendrá de otras compañías teatrales, tanto con fines de lucro como sin fines de lucro. Algunas cobrarán los boletos a la tasa usual o montarán espectáculos sólo con base en donativos. Otras quizá limiten sus producciones a un solo festival de un acto por año y pasen el resto del año dando clases de improvisación porque ese es el modelo más lucrativo. Si a lo largo de su actividad cometen errores, aprende de ellos. Si hacen algo excepcionalmente bien, toma nota. Busca en los sitios web de las compañías teatrales, visita sus espacios, ve sus producciones y entrevista a la gente que maneja la compañía. No temas pedir información. A la gente le encanta ayudar y recuerda que estás en el negocio porque te encanta el teatro.

Por supuesto, todo cambia en un milisegundo. Las estadísticas que parecen ciertas en la actualidad quizá estén desafortunadamente desactualizadas para el mes siguiente. Mantente al tanto de los cambios en tu industria y recuerda consultar periódicamente e investigar. Averigua quiénes son los nuevos. ¿Quién está haciendo algo original? Quizá algunas empresas fracasaron por una mala estrategia (claro que eso no ocurrirá con ninguna de nuestras Jefas). Mantente actualizada y te encontrarás respondiendo preguntas sobre tu industria antes de que nadie tenga siquiera la oportunidad de preguntar.

Escribe un plan. Toda esa investigación te será útil cuando escribas tu plan de negocios. Un plan de negocios es un documento muy útil que describe la naturaleza de tu empresa y tu visión para ella. Redactar un plan de negocios es una buena idea para toda futura Jefa, y una necesidad cuando buscas obtener dinero para impulsar tu emprendimiento. Mientras más sepas sobre otros negocios en tu ramo, mejor será el trabajo que hagas para convencer a los inversionistas de que vale la pena ayudarte.

«Si eres exitoso es porque en algún lado, en algún momento, alguien te dio una vida o una idea que te llevó en la dirección correcta. También recuerda que estás en deuda con la vida hasta que ayudes a alguien menos afortunado, de la misma manera que te ayudaron a ti».

—MELINDA GATES, COFUNDADORA
DE LA FUNDACIÓN BILL & MELINDA GATES

Capítulo 11

No lo hagas todo tu sola

Mentores

S i has visto *Shark Tank*, sabes que esos tiburones tienen mucho poder para darle dinero a las nuevas empresas, además de asombrosos consejos para ayudarlos a crecer. No todo el mundo encontrará el modo de llegar al programa de televisión para competir por la atención de uno de los tiburones, pero eso no significa que no tengas suerte en lo que se refiere a encontrar mentores. Cuando te encuentres necesitada de consejos —ya sea para, digamos, contratar un empleado, dónde encontrarlo, cuánto pagarle— es muy útil poder pedirle consejo a un mentor. Así que asegúrate de contar con esa persona desde un inicio. Las personas que hicieron lo mismo que tú hace unos años, o incluso unas cuantas décadas antes que tú, tendrán mucha información que compartir.

Primero necesitas encontrarlos. Hasta un correo electrónico que llegue de la nada puede iniciar una relación con alguien que termine siendo tu mentora. Consulta el ejemplo de carta de solicitud que se encuentra en el apéndice para ver algunos consejos de cómo iniciar la conversación. Quizá esta semana esté ocupada, pero tal vez el mes siguiente tenga tiempo para que se tomen una taza de café (que tú invitarás).

La idea de abordar a alguien puede parecer intimidante, pero piensa en ello: la mayoría de esas personas hacen su trabajo y enfrentan la misma cantidad de retos todos los días y tienen a las mismas personas en su órbita de contactos. Cuando se aparece un rostro nuevo, lleno de entusiasmo y carente de información, todos se emocionan un poco. La mayor parte del tiempo nadie les pregunta qué hacen o cómo llegaron a donde están, pero a las personas les gusta contar su historia cuando saben que alguien está dispuesto a escucharla. Les da la oportunidad de impartir un poco de sabiduría y quizá de ayudar a otra persona. Todos queremos sentirnos útiles.

Priscilla Guo, quien inició el programa TechY para enseñar programación de computadoras a estudiantes de bajos recursos en la ciudad de Nueva York, enfatiza la importancia que tuvieron sus mentoras para impulsarla a dedicarse a la tecnología informática.

Priscilla

En mi vida me he beneficiado mucho de los modelos a seguir, en especial de las mujeres que son modelos a seguir. No estaría en el sitio donde me encuentro hoy si no fuera por la ayuda de otras mujeres. Considero que a las mujeres se les desanima a seguir una carrera en el campo de la tecnología y apenas alcanzan los dos dígitos en cuanto a porcentaje de presencia en esa área en general. En Harvard, fungí como copresidente de Women in Computer Science (WiCS: Mujeres en la Ciencia Informática) y bajo mi liderazgo duplicamos la membresía en nuestro programa de asesoría. Alentamos este tipo de relaciones de apoyo entre las mujeres para garantizar que se sientan incentivadas a dedicarse a sus intereses y puedan compartir sus experiencias entre sí.

Encuentra a tu gente

Dedicarse a un nuevo emprendimiento puede ser una experiencia solitaria cuando apenas inicias. Lanzar algo nuevo requiere mucho empuje, sudor y trabajo, y gran parte de ese trabajo son las cosas que haces sola antes de tener el lujo de contratar ayudantes o entablar contacto con tus clientes. Lo mejor que puedes hacer para sentirte en buena compañía es comunicarte con otras personas que trabajen en tu área. Busca los blogs y sitios web que se relacionan con tu negocio y haz todos los comentarios que quieras o publica tus preguntas y consulta sus respuestas. De inmediato encontrarás que hay muchas otras personas que comparten tus preocupaciones y que pueden ofrecer consejo.

LECCIONES APRENDIDAS

LOS BENEFICIOS DE TENER UN MENTOR

- No tienes que reinventar el hilo negro.
- Puedes aprender de los errores de los demás.
- Tendrás alguien con quien quejarte acerca de los desafíos.
- Nunca sentirás que estás sola.
- La sabiduría viene de la experiencia. Tu mentora puede decirte: «Si entonces hubiera sabido lo que sé ahora...»
- Tu mentor o mentora podría contratarte algún día.
- Te sentirás inspirada a devolver el favor y volverte mentora de alguien más.

Hablando de consejo, busca un grupo de asesores informales que se conviertan en tu caja de resonancia. Pueden ser amigos que estén dispuestos a leer los borradores de cosas que hayas escrito o a probar las muestras de tus recetas. También pueden ser mentores más formales con los que converses una vez por mes mientras toman café y te ofrezcan sus ideas y consejos acerca de cómo va progresando tu negocio. Es bueno quejarse con alguien. Todos necesitamos sesiones informales para desahogarnos. Tienes amigas que estarán disponibles cuando estés frustrada con la vida, pero ahora necesitas a un grupo específico para tu trabajo. Ellos han hecho lo mismo que tú haces ahora y vivieron para contarlo, aunque hayan tenido cosas de qué quejarse mientras lo hacían. Cuando necesites a alguien con quien descargarte, asegúrate de que sea una persona que entienda por lo que estás pasando.

Una manera de encontrar a esas almas afines es inscribirte en una clase relacionada con tu proyecto. Te encontrarás con personas que comparten tus mismos intereses y que han alcanzado diversos niveles de experiencia. Si estás trabajando en soluciones de programación en compañía de una docena de compañeros, tendrás a tu alcance una red de apoyo si llegas a topar con pared en el sentido creativo. También puedes buscar oportunidades sociales: grupos de visita a museos, comités de recolección de fondos para organizaciones sin fines de lucro, equipos deportivos; simplemente asegúrate de encontrar a esas almas afines. Llegará un momento en el que te alegrarás de haberlo hecho.

Cómo encontrar apoyo y mentores

Tú conoces gente. Tu familia y amigos conocen gente. Tus maestros conocen gente. Y todos aquellos con los que has sido pasante, has trabajado o con los que has participado como voluntaria conocen gente. Ese es tu primer círculo de contacto.

Empieza avisándoles a las personas de tu círculo que estás buscando un mentor. Especifica qué necesitas: alguien que te aconseje sobre cómo empezar o cómo crecer, alguien que te indique la ruta dentro de una industria específica, alguien que te sirva de oído para discutir ideas sobre un campo específico, alguien a quien acudir periódicamente con tus preguntas. Luego proporciona todos los detalles que puedas sobre tu proyecto o negocio. Mientras más información tenga tu círculo de contactos, mejor podrán representarte ante tu mentor potencial. En otras palabras, no sólo digas que necesitas un mentor y lo dejes en eso. Lo mejor sería decir: «Estoy buscando alguien que responda mis dudas sobre cómo iniciar un negocio de impresión de papelería, desde tarjetas hechas a mano hasta el uso de risográficas. Sé que tu amiga Amy ha estado en ese negocio desde hace varios años. ¿Crees que estaría dispuesta a platicar conmigo?», y luego deja que tu contacto se ponga a trabajar para tratar de ayudarte.

DÓNDE ENCONTRAR UN MENTOR

▶ La sociedad de exalumnos de tu preparatoria o universidad.

▶ La sociedad de exalumnos de cualquier escuela a la que hayan ido tus padres (preparatoria o universidad).

▶ Directorios de sitios web relacionados con tu negocio; con frecuencia proporcionan la información de contacto por correo electrónico.

▶ Amigos de tu familia que trabajen en tu área de interés.

▶ Un jefe que hayas tenido en un trabajo de verano y que te conozca y quiera ayudarte.

▶ Padres de tus amigos; considéralos como personas que tienen un empleo, no sólo como los padres de otras personas.

▶ Organizaciones profesionales relacionadas con tu negocio, como clubes e instituciones sin fines de lucro.

A veces encuentras mentores aunque no hayas salido a buscarlos. Tus padres, que tratan de ayudarte y ver que tu negocio prospere, pueden pedirle a un amigo que se siente a conversar contigo. Aprovecha ese nuevo contacto, que quizá tenga información fabulosa y que tal vez termine ayudándote en formas que no puedes siquiera imaginar en este momento.

Los mentores no tienen que ser de la siguiente generación para ofrecerte consejos sabios. Los miembros mayores de tu club de robótica en la escuela o los estudiantes mayores que crearon sus propios videojuegos pueden ofrecerte un cúmulo de conocimientos. Lo mismo ocurre con la hermana mayor de una amiga, quien convirtió su amor por la música en contratos como DJ los fines de semana. Incluso quizá tu escuela ofrezca un programa formal de consejería para contactarte con alguien que pueda aconsejarte.

Siempre llama al contacto que te proporcionen, aunque no creas que te sea de ayuda. Tal vez el amigo de tu papá te ponga en contacto con una colega que también está tratando de lanzar un negocio de papelería, pero que quizá ya lleve un año haciéndolo, mientras que tú apenas empiezas. Ella puede ofrecerte una gran cantidad de experiencia e información.

Te sorprendería saber con cuánta frecuencia se ofrece la ayuda de los mentores y las pocas veces que alguien les llama. Tal vez te sientas nerviosa o avergonzada, o podría ser que simplemente estés demasiado ocupada. No obstante, tómate un momento y date cuenta de lo mucho que desconoces. Luego contacta a la persona más cercana que pueda darte información.

Los mentores no tienen que ser directivos de empresas o individuos evasivos que no responden tus correos electrónicos cuando les pides ayuda. Pueden ser amigos de la familia, jefes de trabajos temporales de verano, maestros o miembros de tu misma familia. Sólo necesitas que alguien se ponga de tu parte.

Aunque Neeka Mashouf es actualmente una estudiante de ingeniería que dirige la unidad de baterías para el equipo de construcción del vehículo solar en la Universidad de Berkeley, su primera experiencia en la búsqueda de mentores fue para una compañía de joyería que empezó con su hermana cuando tenía 13 años.

Neeka

Mi hermana gemela Leila y yo iniciamos una compañía de joyería cuando teníamos 13 años y promovíamos nuestros productos hechos a mano a los gurús de la moda. En ese entonces estábamos obsesionadas viendo a los gurús de la moda en YouTube, por lo que decidimos comunicarnos con ellos para presentar nuestra joyería en sus canales. Fue un enfoque de mercadotecnia creativo, porque nos costaba muy poco, pero podíamos llegar a un público increíblemente grande a través de una fuente en la que confiaban. Enviamos correos electrónicos a un montón de *Youtubers*; los más famosos no respondieron, pero otros sí lo hicieron y terminaron presentando nuestros productos. Aunque técnicamente los más importantes nos rechazaron, simplemente seguimos mandando correos a la gente para alcanzar ventas internacionales a través de nuestro sitio web de comercio electrónico. Probar nuestra idea en línea es una estupenda manera de establecer contacto con una gran audiencia a cambio de una inversión muy pequeña.

Tus papás

Pues sí, tus padres merecen un comentario. Por supuesto que estás trabajando en tu propio proyecto y para cuando hayas llegado a la etapa del lanzamiento, es posible que sepas mucho más al respecto de lo que saben tus padres. Pero tus papás llevan una ventaja de varias décadas de experiencia en comparación contigo, aunque sus profesiones sean totalmente diferentes. No olvides consultarlos de vez en cuando para ver qué saben sobre la situación. Ese problema agobiante quizá sea algo por lo que ellos ya han pasado en sus propios campos de trabajo. Mucha gente está lidiando con pagar las cuentas, hacer pedidos de suministros, averiguar cómo conseguir un espacio para oficinas y cómo publicitarse. Ellos podrían saber un par de cosas que puedan servirte.

También podría suceder que tus padres terminen asociándose contigo en tu empresa. Hay unas cuantas Jefas por allí que comenzaron con ideas increíbles, pero que necesitaron un poco de consejo sobre cómo hacerlas realidad. ¿Tu papá es un estupendo artista gráfico? Te apuesto que diseñará tu página web sin cobrarte gran cosa. ¿Tu mamá es contadora? Te apuesto que ella conoce el mejor programa para balancear tus libros contables. No olvides preguntar a las personas más cercanas cuando tengas dudas. Cuando respondan, tendrán tus intereses en mente.

Chental-Song Bembry, quien creó los libros de The Honey Bunch Kids, considera que su madre es su mayor mentora.

Chental-Song

Básicamente, mi mamá me impulsó a iniciar The Honey Bunch Kids y hasta la fecha está muy comprometida con ayudarme a construir la marca. Es mi mayor mentora. Siempre aprendo de más personas. Los dos animadores con quienes trabajo son personas de las que puedo aprender porque ya lo han hecho antes.

Nadie en mi familia ha tenido un negocio nunca antes. Mi mamá es representante de ventas para una empresa farmacéutica y es muy competitiva y fuerte. En las ventas tienes que ser capaz de seguir adelante cuando la gente te dice que no. Su personalidad y experiencia como vendedora me han ayudado como empresaria.

Deepika Bodapati, quien con su socio creó un dispositivo portátil de detección de enfermedades en la sangre, agradece a sus padres sus consejos y su apoyo financiero.

Deepika

Nuestro espacio de trabajo es la mesa de la cocina. Siempre hemos mantenido involucrada a la familia. Ellos se han dedicado mucho a nosotros. Como los hemos hecho partícipes de esta aventura y somos muy cercanos a nuestras familias, en realidad ellos fueron las únicas personas de las que necesitamos apoyo. Solíamos compartir nuestras ideas con todos. Ellos simplemente sabían. Nos decían: «Ustedes hagan lo suyo. Nosotros lo financiamos». Tenemos mucha suerte en el sentido de nunca tener esa presión. Sería mucho más fácil decir que voy a trabajar como pasante en algún lado. Sin embargo, ahora quiero que funcione y quiero asegurarme de trabajar con mucho ahínco.

Juliette Brindak Blake, creadora de Miss O and Friends, encuentra apoyo emocional en algo que siempre le dice su papá y eso le ayuda a continuar.

Juliette

Hay un consejo que mi papá siempre me da. Cada vez que creo que no soy capaz de hacer algo o dudo de mí misma, él me dice: «¿Crees en mí?» Y luego me dice: «Entonces créeme que yo creo en ti». Y cada vez que lo dice siempre es como si todo estuviera bien. Siempre me estruja el corazón escuchar sus palabras, pero eso me ayuda.

No olvides agradecer a quienes te ayudaron a llegar donde querías

Sí, es posible que esas sean las mismas personas que mencionamos en el párrafo anterior: tus padres, pero el consejo se extiende a cualquiera que te haya ayudado. Eso incluye a tus amigos que te dieron un «me gusta» en Facebook o publicaron reseñas positivas sobre ti. Ofrecerles una cálida nota de agradecimiento o darles un pequeño regalo los hace sentir apreciados y hará que quieran seguir ayudándote. Si tus clientes publican reseñas positivas o entran a Foursquare, puedes ofrecerles incentivos, como descuentos cuando compren o artículos promocionales gratuitos. Recuerda que los artículos promocionales con tu logo pueden servir como publicidad gratuita. Si regalas botellas de agua al grupo de amigos fieles que aumentaron las visitas a tu canal de YouTube, obtendrás exposición ante nuevos clientes potenciales cada vez que tus amigos saquen sus botellas de agua en el gimnasio. Los regalos de agradecimiento y los incentivos pueden ser una estupenda manera de ganarte la lealtad de los clientes, pero no tienes que dar tu agradecimiento en la forma de un regalo. Una bonita nota siempre funciona. Eso demuestra que hiciste un poco de esfuerzo para demostrar tu gratitud. Es lo correcto y también es bueno para los negocios.

Ten ética

La ética es una parte importante de ser una buena persona, pero cuando seas la dueña de un negocio, eso tendrá implicaciones todavía mayores. Tendrás más decisiones que tomar y tus decisiones afectarán a la gente. Por esa razón, es buena idea pensar por anticipado en tus valores y ética. ¿Qué tipo de productos e ingredientes usarás? ¿Cómo tratarás y les pagarás a tus empleados? ¿Cómo retribuirás a la comunidad?

Conócete a ti misma y averigua qué cosas no estás dispuesta a hacer, qué esperas de los demás y no te conformes. La amistad y el dinero complican los negocios, y la situación puede volverse especialmente riesgosa cuando se combinan ambos al mismo tiempo. Las amistades son importantes y deberías tratar de conservarlas. Si eso significa decirle a una amiga que no le pedirás prestado aunque te lo ofrezca para financiar tu negocio, recuérdale que quieres seguir siendo su amiga y que un poco de dinero no vale una posible pelea en el futuro. Si una amiga quiere que te asocies con ella en una nueva empresa, pero tú sabes que tiende a dejar colgadas las tareas y tú terminarás haciendo la mayor parte del trabajo, haz tu mejor esfuerzo por evitar una sociedad potencialmente terrible dándole buenas razones (el tiempo, un deseo de hacer algo más o, incluso, decirle simplemente que crees que eso no te funcionará) de porqué no puedes comprometerte a eso. No cedas a la presión para lamentarlo después. Sé tan sincera como puedas sin lastimar sus sentimientos.

No cedas en cosas que son importantes para ti. Si para ti es muy importante el trato ético hacia los animales, no compres con un proveedor que tenga reputación de crueldad, aunque el precio sea de la mitad. Si quieres imprimir en papel reciclado y usar compensaciones por emisiones de carbono para que tu negocio sea responsable con el medioambiente, hazlo, e infórmalo a los demás. Tus decisiones éticas forman parte de tu marca. Tus clientes, seguidores, amigos y cualquier persona con quien entres en contacto respetará tus decisiones éticas. Lejos de dañar tus ganancias netas porque los productos reciclados cuestan un poco más, tu filosofía de ser bueno con el planeta quizá ayude a tu negocio, porque la gente agradecerá que asumas una postura a favor del ambiente. Mantente fiel a tus creencias.

La ética también se aplica a compromisos y acuerdos. Si dices que harás algo, cúmplelo. Si alguien te pide que hagas algo turbio, siéntete bien de rechazarlo. Por ejemplo, una bloguera podría pedirte cien cintas para la cabeza gratis a cambio de escribir una reseña estelar sobre ellas... mmmh, eso suena a soborno. Por otro lado, si te pide un par de modelos diferentes para poder probarlos antes de escribir sus comentarios, esa es una parte normal de la actividad empresarial.

Sabemos que a veces es difícil mantener la cabeza fría. Puede resultar tentador decirle a alguien que está escribiendo un artículo sobre tu empresa que tuviste más visitas a tu sitio web de las que tuviste en realidad. Sin embargo, sé siempre sincera. Si escuchaste a un puñado de gente chismorreando acerca de la compañía de otra persona, puede ser tentador unirte a las críticas. No obstante, las cosas que dices tienen la costumbre de adquirir vida propia o transformarse en algo todavía peor. Es mejor cambiar de tema.

Las situaciones que te obligan a echar mano de tus reservas éticas también son una buena oportunidad para llamar a tu mentor. Busca un punto de vista objetivo. Busca a alguien en quien confiar y averigua cómo tomar el camino correcto. Siempre piensa un instante y recuerda hacer lo que para ti es correcto.

«Cuando nadie está mirando, la imagen de un campeón es la de una persona doblegada, bañada en sudor y al borde del agotamiento».

—MIA HAMM, JUGADORA PROFESIONAL DE FUTBOL Y GANADORA DE MEDALLA DE ORO EN LAS OLIMPIADAS

Capítulo 12

Asuntos de dinero

Empezar algo no significa que tengas que adquirir una deuda o conseguir una tarjeta de crédito con altos intereses, y gastar como loca sin tener manera de pagarlo después. Empieza manteniendo tus gastos tan bajos como puedas. Es posible que en tu mente tengas una imagen de cómo se ve una empresa emergente «real»: un *loft* fabuloso en un edificio de ladrillo, con grandes ventanas y una cafetería orgánica en la parte de abajo, y podrías pensar que eso es lo que necesitas para que tu emprendimiento parezca legítimo. Sin embargo, antes de que te desprendas de miles de dólares en renta por un espacio que en realidad no necesitas —todavía— averigua cómo puedes realizar tu actividad sin gastar demasiado dinero. Cuando tu oficina en casa, cochera o mesa de cocina no te basten y estén entrando ingresos de manera constante, encontrarás una hermosa oficina. Por ahora, piensa qué tan bajos puedes mantener tus gastos generales.

Alex Douwes y Nellie Morris fueron muy conservadoras con sus finanzas cuando empezaron su bufete de consultoría Purpose Generation

Nellie

Trabajábamos en el departamento de mi hermana y habíamos calculado que podíamos arreglárnoslas durante unos meses con nuestros ahorros. Nos reuníamos para desayunar antes de que Alex fuera a su trabajo y yo hacía trabajos diversos aquí y allá mientras aprendía programación.

Alex

Consideramos con gran cuidado cómo montar nuestro negocio. Las agencias tradicionales presentan sus servicios a empresas de la lista Fortune 500 buscando contratos multimillonarios, y contratan equipos enormes de un día para otro para cumplir con esos contratos, para luego despedir a la gente cuando el contrato termina. Nosotros asumimos la perspectiva contraria y fuimos contratando muy lentamente, mientras que al mismo tiempo entablábamos relaciones con el principal talento independiente que cumplía con nuestros estándares de calidad y compartía nuestros valores. Actualmente podemos seguir siendo ágiles y mantener bajos nuestros gastos generales, pues dependemos de un pequeño equipo de estrategas generales que poseen un amplio conjunto de habilidades y recurrimos a nuestro grupo de profesionales independientes increíblemente talentosos para encontrar ingenieros, desarrolladores, creativos y diseñadores.

Los medios tienden a enfocarse en los casos atípicos: los grandes fracasos al igual que los jóvenes unicornios que abandonan la universidad para empezar una compañía y luego la venden por cientos de millones de dólares un año o dos después. Nunca esperamos conseguir nada por lo que no nos esforzáramos al máximo y siempre intentamos asumir riesgos calculados. Nunca aceptamos a ningún inversionista externo ni grandes instrumentos de deuda, y seguimos trabajando en espacios compartidos, porque viajamos mucho y nos gusta ser flexibles.

Efectivo inicial

En este punto es donde todo se vuelve real: ¿Cómo consigues dinero para comprar materiales o equipo? ¿Cómo decides cuánto gastar? ¿A quién puedes acudir para pedir ese dinero en efectivo que tanto necesitas?

Las respuestas son variadas y dependen de las circunstancias individuales. Aquí te daremos información general para que puedas adaptarte a las necesidades de tu negocio, empezando con cómo averiguar cuánto dinero necesitas de inicio. Intenta ser tan minimalista como sea posible. Si no tienes que viajar a San Francisco en persona para comprar las cuentas de cristal y puedes conseguir que te las envíen por un poco de dinero, ahórrate el viaje hasta que tengas muchas razones para volar allí en persona. Si puedes fabricar un prototipo de tu radio solar con los fondos que tienes a la mano, medita profundamente antes de gastar más dinero para fabricar tres prototipos. ¿En realidad tener más de dos le dará a alguien una mejor idea de cómo funciona la radio?

¿Cuánto dinero necesitas en realidad por semana para lanzar tu negocio y mantenerlo en funcionamiento? Haz todo lo que puedas tú misma: diseña tu propia página web, imprime tus propias tarjetas personales, diseña tu propio logo. De ese modo no tendrás que pagar a otras personas para que lo hagan. Con frecuencia la mano de obra es uno de los costos más grandes que tiene un negocio, ya sea que te proporcione un servicio o un bien, de modo que es probable que quieras demorar la contratación de cualquier tipo de empleado hasta que sea absolutamente necesario; espera hasta que tengas demasiados clientes y demasiados pedidos como para manejarlos tú sola.

Ahora usa tus cálculos de cuánto dinero se requiere para comenzar y operar tu negocio, y compáralos con cuánto crees que puedes ganar de manera razonable a partir de tu empresa. En un sentido ideal, la cantidad que piensas que puedes ganar será mayor (no de inmediato pero sí a la larga) a la cantidad que te cuesta operar el negocio. Es muy común que al inicio gastes más dinero del que ganes, así que no te sientas decepcionada, siempre y cuando puedas visualizar un momento futuro en el que obtendrás ganancias.

Empieza usando la plantilla que proporcionamos en el apéndice para anotar gastos e ingresos. En la columna de gastos, anota todas las cantidades que creas que tendrás que gastar. En la columna de ingresos, anota el ingreso que esperas ganar, producto por producto. A la larga, esta hoja pasará de ser una estimación de gastos e ingresos a registrar la realidad, pero al inicio siempre es útil, ya que puedes ver si las cosas van o no según las planeaste.

Préstamos

Una manera efectiva de conseguir dinero inicial es pedirlo prestado, y hay muchas personas y organizaciones dispuestas a prestártelo, de acuerdo a diversos conjuntos de términos. Los bancos cobran intereses. Algunas organizaciones piden una participación de las ganancias futuras. Es posible que algunas personas te lo presten por pura generosidad y que sólo te pidan a cambio que las hagas sentir orgullosas. ¿Qué hace que una fuente sea mejor que otra?

Empecemos con tus padres. Es fácil que desees acudir a ellos y a menudo los padres son una estupenda fuente de aliento y financiamiento. Sin embargo, el hecho de que vivas con ellos no significa que debas tratar a tus padres de modo diferente que a cualquier otro acreedor. De todos modos debes establecer algún tipo de acuerdo en el que se declare cuánto pediste prestado y las condiciones según las cuales pagarás el préstamo. Sé realista. Si crees que te llevará un año pagar tu deuda, no prometas que devolverás el dinero en un mes. Eso simplemente hará que sientas que no eres capaz de cumplir y que tus padres piensen que no fuiste honesta.

Establece un plan de pago que sea lógico. Quizá necesitas 1000 dólares por adelantado para rentar una cocina industrial, pero te encargarás del servicio de comidas de tres grandes fiestas en el siguiente par de semanas y ya sabes cuánto esperas que te paguen. Puedes pagar el dinero a plazos hasta que reintegres toda la cantidad. Si debes pagar intereses, o un poco más de la cantidad que pidas prestada conforme pase el tiempo, inclúyelo también en el cálculo.

¿Pedirles un préstamo a tus padres te vuelve menos jefa? No, en absoluto. ¿Olvidarte de pagar el préstamo? Por supuesto que sí. De modo que debes ser una buena deudora y reembolsar el préstamo. Aunque hayas pedido dinero a tus padres, de todos modos debes ser responsable y cumplir con cualesquiera condiciones que hayas establecido, y también habla con ellos si hay algún cambio en la situación.

Lo mismo aplica al pedir un préstamo a tus amigos. Si lo haces, debes ser muy clara en tus términos. Establece con exactitud cuánto planeas solicitarles y cuándo lo devolverás. La antigua advertencia contra pedir prestado a familiares y amigos se basa en la situación (esperemos que poco probable) en la que pides dinero y no puedes devolverlo. Las cosas pueden ponerse tensas. No obstante, si cumples con tus promesas de cuándo regresarás el dinero y cuántos intereses pagarás, es posible que tus acreedores estén felices de prestarte más dinero en el futuro si lo necesitas. Te convertirás en lo que se conoce como «buen riesgo».

Cuando Deepika Bodapati y su socia iniciaron Athelas, fueron sumamente cautas sobre pedir un préstamo.

Deepika

Reunir dinero no es un trabajo secundario. Es algo que definitivamente tuvimos que aprender, y luego ocupamos tiempo en eso, en lugar de avanzar con la tecnología. Querrás obtener dinero cuando no lo necesitas. Ahora ya estamos consiguiendo dinero.

Como somos estudiantes y empezamos con proyectos para ferias científicas, no gastábamos dinero. Si la gente nos dice que necesitamos comprar una máquina costosa, decimos que lo haremos de otro modo.

La primera vez que hicimos un acuerdo con alguien para que metiera dinero al negocio, salimos de allí sintiendo náuseas mientras íbamos a casa. Cuando la gente compromete su dinero, quiere recuperarlo... diez o veinte veces más. No lo piensas hasta que estás en esa posición. Todos los inversionistas te harán sentir como si estuvieras en la cumbre... y luego te salen con «Estos son los términos».

Estamos planeándolo todo de forma muy metódica. Tenemos un programa semana por semana al que nos adherimos y al final de este verano queremos recaudar una serie A [de financiamiento], que es una ronda de capital inicial, lo cual nunca habíamos hecho, porque nos dedicábamos a competencias y algunos capitalistas de riesgo nos dieron dinero. Sin embargo, sabemos que en algún momento tendremos que recaudar dinero con inversionistas institucionales para poder ampliar la empresa.

¡Ganancias!

Estás vendiendo algo y ganando un poco de dinero por primera vez. Eso te produce una sensación maravillosa y deberías felicitarte por llegar hasta allí. No obstante, después de ese brevísimo momento de gloria, llegó la hora de atender al principal problema: ¿Qué harás con ese dinero?

Nos referimos a la manera en la que tus ganancias pueden seguir impulsando a tu negocio. En esencia, si tu negocio está ganando más dinero del que está gastando, puedes volverte tu propia acreedora. Puedes usar esas ganancias para invertir en equipo, materiales, mercadotecnia, salarios; cualquier cosa que necesites para hacer más y ganar más. En otras palabras, puedes crecer, llegar a más gente y, con suerte, volverte más rentable con ese mayor tamaño.

No estamos diciendo que no puedas tomar parte de tus ganancias y usarlas para comprar algo divertido. Pero tú eres la última que recibe un pago. Primero reembolsa los préstamos que pediste a otras personas, ya sean bancos, tus padres o las organizaciones que financian a las empresas emergentes. Luego invierte en el crecimiento futuro de tu negocio, comprando los suministros que necesitas para seguir en marcha y crecer. Luego te pagas a ti misma. Si haces las cosas en ese orden, mantendrás felices a tus acreedores, tu negocio seguirá en marcha y, probablemente, tendrás más ganancias —dinero— para ti misma.

> **LECCIONES SOBRE DINERO**
> **APRENDIDAS DE *LAS* JEFAS**
>
> QUE YA LAS APRENDIERON
>
> ▶ Es más probable que la gente te preste una segunda ronda de financiamiento si reembolsaste la primera en el tiempo que lo prometiste.

> A la gente le gusta formar parte de algo emocionante; infórmales de tus planes.

> No te disculpes por necesitar dinero; eso significa que estás creciendo.

> No dejes que el dinero controle tu vida; el éxito de un negocio se basa en algo más que el dinero.

> No deberías sentirte presionada a revelar información financiera simplemente porque alguien te lo pida.

> Si cometes un error, aprende de él y sigue adelante.

Préstamos en grande

Comencemos con los bancos. Aunque pueden ser una estupenda fuente de préstamos para pequeñas empresas, tratar con ellos puede ser complicado. En general necesitas un plan de negocios y algún tipo de garantía, o algo de valor, para responder por el préstamo. Cuando compras un automóvil, el banco acepta darte un préstamo y tú puedes conducir el auto, siempre y cuando seas diligente en pagar tus cuotas mensuales a tiempo. Lo mismo sucede con los préstamos empresariales. Necesitas alguna prueba de que podrás devolver el préstamo. Si tu negocio posee equipamiento, puedes usarlo como garantía. O quizá alguien más —posiblemente uno de tus padres— sirva como aval para el préstamo y responda por ti en cuanto a tu capacidad para reembolsar el dinero. En otras palabras, ellos estarán en problemas si no pagas. Así que sé responsable.

¡UF! LO QUE DEBES HACER Y LO QUE DEFINITIVAMENTE NO DEBES HACER

CUANDO PIDES DINERO PARA COMENZAR

SÍ sé honesta sobre cuánto dinero necesitas.

NO pidas dinero para tu negocio y luego subas fotos de la costosa bicicleta nueva que compraste. Aunque no hayas usado el dinero de tus inversionistas para comprar la bici, eso da mala impresión.

NO tengas miedo de pedir lo que necesitas.

SÍ reembolsa el dinero aunque todavía no tengas ganancias.

NO permitas que el dinero destruya tus amistades.

SÍ distingue entre los asuntos de negocios y los asuntos personales.

Las reglas sobre préstamos son válidas, aunque pidas prestado un poco de dinero a un amigo o miles de dólares a un banco: necesitas devolverlo cuando prometiste, con intereses, si esos son los términos. No pidas más de lo que pienses que puedes pagar. Estarás en mucha mayor probabilidad de que te ofrezcan una nueva fuente de financiamiento para crecer cuando lo necesites si reembolsas el préstamo como una profesional.

Financiamiento colectivo (*crowdfunding*)

De la misma manera en que puedes hacer una convocatoria abierta para poner a consideración de un gran grupo de personas el nombre para tu negocio pidiendo su opinión en tu red social, también puedes conseguir efectivo para empezar con la ayuda de un financiamiento colectivo. Existen muchos sitios establecidos de financiamiento colectivo y todo el tiempo nacen sitios nuevos. Es posible que algunos tomen un porcentaje del dinero que ganes y otros quizá te permitan quedarte con todo.

Tomemos, como ejemplo a Kickstarter. Estableces una meta de recaudación de, digamos, 15 000 dólares, para publicar un primer tiraje de un libro que escribiste. Calculas sumas de dinero grandes y pequeñas con las que la gente puede contribuir a tu proyecto, junto con pequeñas recompensas que ofrecerás por cada cantidad. Quizás estés dispuesta a enviar una carta de agradecimiento en un bonito papel a las personas que donen 25 dólares. Luego, para una contribución de 35 dólares, puedes ofrecer una carta de agradecimiento, además de una calcomanía. Tal vez el donativo de 60 dólares reciba tu libro electrónico y 100 dólares acrediten al donador a recibir un ejemplar firmado. Ofrecer pequeños incentivos es una buena manera de lograr que la gente salte al siguiente nivel de donador. Una vez que hayas establecido todas las condiciones, envía notificaciones por correo electrónico o realiza publicaciones en redes sociales para todos tus contactos, informándoles sobre tu campaña. Los seguidores tienen la opción de donar con o sin los incentivos que ofreciste. En Kickstarter, si no llegas a tu meta de 15 000 dólares, los donadores tienen la garantía de saber que su donativo no irá a un proyecto financiado parcialmente. Sólo cuando alcances tu meta de conseguir los 15 000 dólares en compromisos de los donadores obtendrás los fondos.

Otros sitios como Indiegogo, Crowdrise y Gofundme tienen sus propias versiones de financiamiento colectivo. Muchos de estos sitios permiten que los proyectos reciban un financiamiento parcial, lo cual podría funcionarte mejor. Y también hay muchos otros; explora las opciones como lo harías con cualquier otra cosa y elije aquella que mejor se adapte a tu proyecto.

No olvides que puedes combinar diferentes fuentes de financiamiento. Si realizas una campaña exitosa de financiamiento colectivo, eso es algo que deberías decirle a un inversionista potencial para probar que un montón de personas ya apoyan tu idea y que ya conseguiste parte del dinero inicial. La gente se siente más segura cuando está en compañía y si ya hay personas que invierten en ti, esa es una buena señal.

Pros y contras de adquirir préstamos			
Fuente de dinero	**Riesgo**	**Recompensa**	**Presiones**
Tú: dinero que has ahorrado.	Puede tomar un tiempo ahorrar el efectivo inicial que necesitas.	Tendrás la satisfacción de tener el control.	Tu dinero es el que está en riesgo y será mejor que lo gastes con inteligencia.
Inversionistas, padres, banco, tarjeta de crédito.	Estarás en deuda con otros. Es posible que critiquen cómo gastas su dinero.	Serás capaz de reunir más dinero con mayor rapidez si dependes de otras personas.	Necesitarás reembolsar el dinero según un plan, a menudo con intereses. Eso significa que tendrás que generar los suficientes ingresos para pagarles a tus acreedores.

Así es como Neeka Mashouf creó una exitosa campaña para reunir dinero para el proyecto CalSol del automóvil solar.

Neeka

Diseñé, creé y promoví el proyecto de financiamiento colectivo para mi equipo del automóvil solar, llegando a 125% de nuestra meta y reuniendo más de 22 000 dólares. El financiamiento colectivo tiene todo que ver con conocer a tu audiencia y saber a quién dirigir tus esfuerzos; las campañas exitosas aprovechan la capacidad de conseguir que las personas correctas se emocionen con tu idea. No puedes simplemente lanzar una campaña y esperar que la gente done. Yo creé una campaña publicitaria llamada 30 Days of CalSol (30 días de CalSol); todos los días presentaba en redes sociales a un miembro diferente del equipo y señalaba lo que nuestro equipo significa para ellos. Antes éramos un grupo anónimo de estudiantes, pero esto permitió que la gente viera a los estudiantes del equipo y lo que estábamos aprendiendo y construyendo; eso conectó emocionalmente a la gente con nuestros estudiantes y tuvo éxito en alentarles a apoyarnos.

Naama Raz-Yaseef encontró dificultades para utilizar el financiamiento colectivo para iniciar un programa sin fines de lucro, dirigido a llevar irrigación a los cultivos del área rural de Zimbabue en los meses de sequía.

Naama

Es muy difícil conseguir un financiamiento colectivo. No tenía idea. Hubo ocasiones en que pensé que quizá sería más fácil poner el dinero yo misma y dejar la cosa en paz. Deliberadamente empecé con una pequeña cantidad, pero eso también fue porque nunca antes había utilizado el financiamiento colectivo. Tengo intenciones de conseguir más dinero después, pero no tenía idea de lo difícil que es. Se requiere pensarlo y planearlo mucho. Necesitas crear una comunidad y preguntarle a la gente si considera que esto es eficiente y si tienen ideas.

Crear una campaña es divertido. Es mucho trabajo, pero es divertido y no tiene que ser profesional. En realidad me gusta el concepto de que el financiamiento colectivo sea una plataforma donde los no profesionales puedan aportar sus ideas. Puedes tomar un video con tu celular y eso bastará. Entonces comienzas la recolección de fondos.

Obtener dinero es muy complicado. En los primeros días empecé con una red muy cercana de personas antes de lanzar mi campaña al aire. Ellos fueron los primeros en contribuir, por lo que ya tenía algún dinero cuando se lanzó. Luego establecí contacto con un segundo grupo y todos contribuyeron. Eso fue maravilloso e inspirador. Luego me di cuenta de que todas las personas cercanas a mí habían contribuido y que necesitaba contactar a personas que no conocía. Ese fue el trabajo difícil.

Haz lo mismo por los demás

Siempre recuerda a toda la gente que te ayudó a levantarte, aquellos que escucharon tus preocupaciones sobre si tendrías éxito y aquellos que te dieron grandes consejos. Algún día llegará el momento de retribuir y de hacer algo por otra persona. Puedes comprometerte a servir como mentora de alguien menos experimentado, darle trabajo como pasante o responder sus preguntas cuando apenas empiece. No importa lo desafiante que pueda ser volverte una Jefa, tienes valiosas habilidades e información que pueden ayudar a alguien más. Tu contribución también puede ser económica. Kiva.org es un sitio web que permite que cualquiera haga pequeños préstamos a personas de todo el mundo. Puedes ofrecer la máquina de coser que compraste, pero que sólo usas una vez por semana, a alguien que sepas que la quiere para iniciar su propia empresa. Puedes tener una política empresarial de ceder un porcentaje de tus ganancias a una organización benéfica. Avísale a la gente qué es lo que estás haciendo y vuélvelo parte de tu campaña de ventas, para que tus clientes sepan que *ellos* también están retribuyendo a la sociedad simplemente al hacer negocios contigo.

Dinero contante y sonante

Existen muchos servicios diseñados para facilitar que la gente te pague. El primero y más fácil es el pago en efectivo. El efectivo es universal y puedes confiar en su valor. Sin embargo, no todo el mundo lleva gran cantidad de efectivo en la actualidad, de modo que, cuando se trata de compras costosas, es posible que el efectivo no tenga mucho sentido.

Hablemos de un aspecto todavía más importante del efectivo: es difícil seguirle la pista. Una vez que lo gastas, no queda registro de que lo hayas tenido siquiera. A menos que seas muy diligente en cuanto a pedir recibos y archivarlos y etiquetarlos, puedes gastar una tonelada de dinero sin ningún registro de a dónde fue.

Anatomía de una campaña de financiamiento colectivo

▶ **Muestra el proyecto con un video.** Esto permite que la gente sepa quién eres y les da algo que ver: un fragmento de la película que intentas llevar a los festivales, una demostración de tu dispositivo para lavar ventanas. Inclúyete en el video. Deja que la gente te vea y entienda lo mucho que has trabajado para llevar tu proyecto hasta este punto. Luego pide lo que necesitas.

▶ **Sé creativa sobre los beneficios que puedes ofrecer** a diferentes niveles de inversión. Una bonita camiseta impresa en serigrafía podría alentar a un inversionista a subir un nivel.

▶ **Mantén informados a tus simpatizantes sobre el avance de tu proyecto,** qué tan cerca estás de alcanzar tu meta, cuánto tiempo falta para que termine tu campaña. Que no te dé pena enviar tu petición de apoyo una segunda o incluso una tercera vez a tus amigos y simpatizantes que todavía no hayan contribuido. Es posible que algunos de ellos tengan la intención de contribuir, pero necesiten otro recordatorio.

▶ **Envía agradecimientos tan pronto como recibas los donativos.** Diles a las personas cuánto agradeces su ayuda y apoyo, aunque sea a través de un simple correo electrónico. Para un donante, no hay nada peor que sentir que el receptor ni siquiera se percató o le importó lo suficiente como para agradecer. Y recuerda de nuevo a tus simpatizantes que su financiamiento te ha permitido continuar: salir de gira con tu grupo musical, terminar tu filme, publicar tu libro, producir tu prototipo. Asegúrate también de enviar de inmediato los incentivos prometidos.

Aparte del efectivo, las tarjetas de crédito y débito, las cuentas de PayPal, los cheques y los giros postales proporcionan un conjunto casi ilimitado de opciones. Muchas de las personas que quieran hacer negocios contigo preferirán las tarjetas de crédito y débito. La ventaja de aceptar tarjetas de crédito es que puedes confiar en que las compañías de tarjetas de crédito te pagarán de manera oportuna lo que se te debe. No obstante, ¿cuánto te cuesta esa eficiencia? Hasta 3% del precio de venta de lo que sea que vendas y, a veces, una cuota anual o más. Las diferentes empresas —Visa, MasterCard, American Express, Discover— tienen diferentes términos, así que será deseable que las explores todas. Se sabe que American Express cobra un poco más, pero también tienen estupendos incentivos para las empresas pequeñas, de modo que tienes que ponderarlo todo y decidir cuál es la que más te conviene. Aceptar pagos con tarjeta de crédito puede ser tan fácil como comprar un pequeño dispositivo que se conecta a tu teléfono y descargar una aplicación.

Si preferirías no lidiar con el plástico, puedes usar PayPal o PaySimple, alternativas a nivel global para quienes no cuentan con tarjetas, ambas plataformas están respaldadas por millones de usuarios en todo el mundo.

Desembolsos de dinero

Por maravilloso que sea recibir dinero por concepto de ventas, la realidad es que también tendrás gastos y necesitarás un modo de pagarlos. Si tienes empleados, es necesario que les pagues un salario.

Es posible que algunos estén dispuestos a trabajar a cambio de tener una participación en el negocio que tú creaste. Si contratas a alguien para difundir tu existencia y hacer toda la publicidad de tu compañía, es posible que incentives a tu publicista para que te ayude a crecer si le garantizas un porcentaje de los ingresos.

Si puedes pagarle a alguien para que trabaje unas doce horas más o menos, no es necesario que le cedas una parte de tu negocio. Pagarle a la gente que trabaja para ti y a quienes te proveen de herramientas, equipo y servicios significa que quizá necesites comprender los servicios de nómina y los servicios de proveedores. Un contador puede asegurarse de que eso se maneje de la manera correcta. Pagarles a tus empleados también les hace saber que los valoras. Algunos negocios contratan un exceso de pasantes sin goce de sueldo, pero esa no es la cultura laboral que quieres crear y, de hecho, en algunas partes es ilegal, por no mencionar que pedirles a los empleados que trabajen de manera gratuita cada vez es menos aceptable. A nadie le gusta que se aprovechen de su trabajo.

Presupuestos para hoy y para el futuro

Eso podría no ser tan divertido como el aspecto creativo de tu negocio, pero en muchos sentidos es incluso más importante. Necesitas organizar tus finanzas para tener una idea de cuánto dinero entra, cuánto sale y cuánto necesitarás para el futuro. Puedes lograrlo con una simple hoja de cálculo (consulta el apéndice para tener una muestra) que muestre tus ingresos y egresos y, con suerte, ambas cuadrarán al final del año. Por supuesto que cualquier dinero que tengas que supere tus gastos cuenta como ganancia y tienes la opción de pagarte parte o la totalidad de él como salario, o de invertirlo en parte o totalmente en desarrollar tu empresa. No necesitas invertirlo todo en el negocio, pero sí deberías tener una idea de los grandes gastos que posiblemente tendrás en el futuro para que puedas presupuestarlos. Si necesitas comprar un equipo —una nueva laptop, algunas herramientas, rentar espacio de oficinas— necesitarás una cuenta para esos gastos y deberás determinar cuándo tendrás el dinero suficiente para pagarlos.

Es posible que consigas financiamiento para algunos gastos grandes, o que pidas prestado para conseguirlos, pero también puedes obtenerlos a la antigüita: a través del ahorro.

> *Deepika Bodapati entró a varias competencias para reunir el dinero inicial que necesitaba para su compañía, Athelas.*

Deepika

Cuando regresé en septiembre para mi último año de estudios, tomamos la decisión de que si no conseguíamos 15 000 dólares para diciembre, abandonaríamos el proyecto. Tanay consiguió los primeros 1000 dólares en una competencia y pensamos *Esos son diez billetes de 100 dólares: podemos hacer mucho con eso.* Éramos muy tacañas en lo referente a dónde gastábamos el dinero.

Unos cuantos meses después, fui a dos competencias en la Universidad del Sur de California (ganando el USC Stevens Most Innovative Award [Premio Stevens de la USC para los más innovadores] que ascendía a 7 000 dólares y el cuarto premio anual Silicon Beach Awards Venture Competition [Competencia de emprendimientos de los Premios Silicon Beach] que ascendía a 25 000 dólares) y reunimos 32 000 dólares. En el caso del premio Silicon Beach, competimos contra estudiantes de doctorado: Le envié textos a Tanay diciéndole que una multitud de doctores acababan de aparecerse y que harían una presentación después de mí. Había un dentista que acababa de inventar un nuevo aparato de ortodoncia. Pues ganamos los 25 000 dólares en la USC. No conocía a nadie en el público. Me dieron un enorme cheque y simplemente regresé al dormitorio de la universidad.

Guarda tu dinero

Una vez que entre dinero, probablemente quieras abrir una cuenta de cheques y dejar que el banco guarde tus ingresos arduamente ganados. La mayoría de los bancos distinguen entre las cuentas regulares de ahorros o de cheques para uso personal y las cuentas que se usan para las empresas. En primer lugar, es posible que te den diferentes tasas de interés, una cantidad distinta de cheques que puedes emitir sin que te cobren mensualmente y otros servicios útiles, como la posibilidad de solicitar préstamos para los gastos que puedas tener como empresa pequeña, aunque también es posible que cobren comisiones adicionales para las cuentas empresariales debido a esos servicios adicionales. Conversa con la gente del banco y averigua qué pueden ofrecerte para ayudarte en tu nuevo negocio. No necesariamente requieres de la ayuda de una mentora, pero ella podría darte buenos consejos sobre cómo manejarte en el sistema de los bancos.

Lo bueno de tener tu dinero en una cuenta bancaria es que será más difícil que lo gastes de manera frívola. Si necesitas sacar la chequera cada vez que tienes un gasto de tu negocio, tendrás más cuidado con lo que gastes que si llevas el efectivo contigo. Sin embargo, algo que es más importante aún, tendrás un registro de cada centavo que gastes. Eso será útil cuando llegue el momento de pagar impuestos o actualizar tu plan de negocios.

Siempre conserva los comprobantes

Necesitas llevar un buen registro del dinero que ganas y gastas. Las tarjetas de crédito y las cuentas de cheques pueden ser útiles para esto, porque te proporcionan estados de cuenta anuales que detallan todo lo que gastaste y puedes dar seguimiento en línea a tu actividad y a los cobros a lo largo del mes. Si ya tienes 18 años, puedes solicitar una tarjeta de crédito que usarás sólo para tus gastos empresariales. Sin embargo, también deberías guardar los recibos y conservarlos en un sitio especial.

Organiza tus recibos en sobres o fólderes según la categoría, como artículos de oficina, servicios web o equipo, para que puedas encontrarlos cuando los necesites. Los recibos son especialmente importantes cuando pagas con efectivo, porque de otro modo podrías perder de vista cuánto has gastado. Ten un lugar accesible para conservar tus recibos cuando salgas —una bolsita de plástico con cierre funciona muy bien— y luego archívalos en tu sistema de fólderes cuando llegues a casa.

Cuando las cosas se vuelvan un poco más complejas, o si quieres usar hojas de cálculo en la computadora, puedes utilizar una gran variedad de programas para mantenerte organizada. QuickBooks y otros programas semejantes te permiten abrir hojas de ingresos y egresos y llevar un registro de cada centavo que gastes, ya sea que hayas emitido un cheque o pagado en efectivo. Cuando tu negocio obtenga ganancias, empezarás a pagar impuestos y será enormemente útil tener todo organizado a través de un programa contable, de modo que puedas averiguar cuánto debes al final del año. Es posible que pagar impuestos te parezca una molestia, pero no puedes deber impuestos a menos que ganes dinero, de modo que tener que pagarlos es, de hecho, algo bueno porque significa que tu negocio está prosperando.

TÉRMINOS EMPRESARIALES

QUE DEBERÍAS CONOCER

▶ **Ingresos brutos:** Los ingresos brutos son la cantidad de dinero que tu negocio ingresa antes de considerar cualquier gasto, como renta, estampillas, papel o salarios (o incluso los intereses e impuestos cuando tu negocio crezca y tus finanzas se compliquen).

▶ **Ingresos netos:** Que también se conocen como beneficios, es un término elegante para las ganancias; es decir, la cantidad de dinero que te queda después de pagar tus gastos. Este es el dinero que el negocio puede conservar y quieres que sea rentable; aunque no de inicio, sí a la larga.

> ▶ **Capital:** La cantidad de dinero que pediste prestada originalmente.
>
> ▶ **Intereses:** Este es el porcentaje del dinero prestado que necesitas pagar a tu acreedor, en general, mensualmente, además del capital. También debes la cantidad que pediste prestada y dependiendo de cuánto tiempo te lleve pagar el dinero, deberás más o menos intereses.
>
> ▶ **Hojas de balance:** Sitio donde llevas registro de tus ingresos y egresos. En un negocio sano, ambos coinciden y cuadran.

Para mayor información sobre balances, estados de pérdidas y ganancias, y otros detalles relacionados con las empresas, consulta el apéndice.

¿Qué es la inversión?

La gente habla a veces de tener una inversión en un negocio, lo cual significa que poseen parte del mismo. Podría ser una fracción diminuta de 1% o llegar a 49 por ciento. La propiedad de una empresa varía pero, en general, mientras más grande sea la parte de la empresa que posea un inversionista, mayor esperará que sea su participación en cuanto a cómo se deben hacer las cosas.

¿Tienes que ceder algo cuando atraes a inversionistas? Eso depende. Algunos querrán influir en cómo gastas su inversión y otros te darán más libertad, así que asegúrate de establecer claramente quién es responsable de qué en tu contrato de términos de la inversión.

Sistema de trueque

Quizá la última vez que oíste del sistema de trueque haya sido en la escuela cuando memorizaste la información sobre comercio pero, de hecho, el concepto tiene una función muy útil. Algunas de las mejores formas en que un nuevo negocio puede obtener los bienes y servicios que necesita es haciendo un intercambio. En otras palabras, si tú puedes tocar un concierto de piano en la fiesta de aniversario de tu vecino que es diseñador web y necesitas que alguien construya tu sitio, pregúntale a tu vecino si querría hacer un trueque. Si estás creando un periódico en línea y necesitas que alguien te haga la mercadotecnia, piensa en las habilidades que posees y que puedes ofrecer. Quizá diez horas como niñera cuidando al hijo de ocho años del dueño de la compañía de marketing te servirán para obtener un plan de mercadotecnia. Quizá otras 10 horas te consigan unas tarjetas personales y 50 tuits sobre tu negocio. ¿Eres diseñadora web? Diseñar el sitio de una compañía podría ser un buen intercambio por un mes gratis de renta en sus oficinas, con todo y cápsulas de café. Sé creativa.

Recuerda que el trueque de servicios es una manera rentable de obtener lo que necesitas.

Aprovecha las cosas que puedes hacer fácil y rápidamente e intercámbialas por lo que te llevaría una eternidad. Haz lo que sabes hacer y encuentra personas que te ayuden con las cosas que se te dificultan más, y descubrirás que eres mucho más productiva de ese modo.

Deepika Bodapati intercambió sus conocimientos científicos por el espacio de laboratorio que requería para sus experimentos.

Deepika

Quería examinar un problema que había empezado a investigar en la feria de ciencias de la escuela: ¿Qué es mejor, la ensalada orgánica o la no orgánica? Había descubierto que la orgánica era peor porque tenía más contaminantes. Quise ir un paso más allá, pero necesitaba la ventilación apropiada de un laboratorio para mis experimentos.

En esa época formaba parte de una organización llamada Schmahl Science Workshops (Laboratorios Científicos Schmahl), que atendía a niños de bajos recursos que querían hacer experimentos en ciencias. Terminé intercambiando mis conocimientos: ellos me dieron el espacio para trabajar y yo acordé comprar las sustancias químicas que necesitaba y, a cambio, yo hice mucho trabajo para ellos.

«Como lider, soy rigurosa conmigo misma y elevo los estándares para todos los demás: sin embargo, soy muy considerada porque quiero que la gente sobresalga en lo que hace para que pueda aspirar a ser como yo en el futuro».

—INDRA NOOYI, DIRECTORA EJECUTIVA DE PEPSICO

Capítulo 13

Dolores de crecimiento

Por supuesto que quieres que tu negocio crezca. Eso es señal de éxito, de progreso, y en general significa que el negocio está generando ingresos, lo cual es bueno. Necesitas ser lo suficientemente rentable para seguir, incluso en una labor sin fines de lucro. Puedes perder dinero por un tiempo pero, a la larga, necesitarás ingresar más de lo que egresas a fin de tener posibilidades a largo plazo. Crecer es la manera de adquirir mayor rentabilidad y visibilidad. Eso conduce a más clientes o usuarios y a más ingresos. Y así sucesivamente.

En un mundo perfecto, tu negocio debería crecer con una trayectoria uniforme, un poco a la vez, mes tras mes, de modo que puedas prepararte para los gastos, retos y mejoras que vayan presentándose. En el mundo real las cosas tienden a avanzar de manera irregular, con algunos incrementos repentinos que esperas después de un periodo de inversión y esfuerzo, y otros que no anticipas. A veces, el negocio irá lento a pesar de tu duro esfuerzo. No le des demasiada importancia. Simplemente continúa.

El crecimiento tiene otro aspecto: el cambio. A veces planeas cambios y otras veces los cambios se presentan sin advertencia y te obligan a ceder terreno o a ser creativa para llegar a la siguiente etapa. El crecimiento puede ser impredecible. Puede asumir la forma de dos pasos hacia delante y un paso hacia atrás, pero también te lleva a territorios inexplorados, que pueden ser nuevos, diferentes, desafiantes y maravillosos.

Cuando empezó el Tinderbox Music Festival, Alyson Greenfield se enfrentó con el asunto de cómo manejar el crecimiento instantáneo.

Alyson

Me propuse crear algo tan grande y con tanta rapidez que no tenía el capital ni las bases para sustentarlo. Seguía siendo la persona que emprendía el negocio, hacía todo y daba la cara. Me coloqué en una posición en la que todo caía sobre mis hombros.

En el caso del sitio web de Miss O and Friends, Juliette Brindak Blake descubrió que el crecimiento no siempre fue fácil de predecir.

Juliette

Ya hemos tenido esta empresa desde hace algún tiempo y no siempre nos ha redituado dinero ni ha ido de maravilla, ni hemos tenido montones de chicas entrando al sitio, así que, definitivamente, es algo difícil. Creo que muchas personas, cuando empiezan una compañía, tienen la idea de que todo ocurre de la noche a la mañana y se vuelve un éxito instantáneo. Es un proceso y algo en lo que trabajas constantemente, todo el tiempo, todos los días.

Cuando ingresó a la Universidad de Stanford y empezó a enfocarse en sus estudios de informática, a Niharika Bedekar se le hizo difícil seguirle el paso a las demandas de PowerUp, la organización sin fines de lucro que fundó cuando estaba en secundaria para ayudar a las niñas a enfrentar la pubertad.

Niharika

El primer año pude seguirle el paso a PowerUp, pero los dos años siguientes fue más difícil. Intentaba descubrir quién era como científica informática. Estuve en Berlín, trabajando con una organización sin fines de lucro dedicada a enseñar programación a los refugiados para que tuvieran mayores probabilidades de conseguir un empleo y un permiso de vivienda. Era un proceso magnífico para ellos ya que les permitía instalarse en un nuevo país y resultaba muy satisfactorio utilizar mis conocimientos técnicos de una forma tangible.

Eso condujo a que mi entusiasmo por PowerUp renaciera. Tengo la suerte de contar con una base técnica, y mi esencia como persona siempre se relacionará con hacer algo con mi trabajo que influya de manera positiva en la vida de las personas. Soy una mujer orientada al servicio y al trabajo sin fines de lucro. PowerUp es algo distinto que podría ser difícil de conectar con otras habilidades en la universidad, pero a medida que pienso en el trabajo que quiero hacer, sé lo satisfecha que me siento cuando hago cualquier cosa relacionada con PowerUp. Ahora quiero encontrar maneras de lograrlo.

Escribe un plan a cinco años

Empieza con una lista de tus metas de crecimiento. ¿Existen ciertas cifras que quieras alcanzar? ¿Hay alguna cantidad de dinero en ventas a la que aspires? ¿Esperas tener cierta cantidad de empleados o, incluso, una persona que te ayude a hacer el trabajo? Piensa en tu escenario ideal, el punto al que quieres llegar en cinco años. Tal vez te gustaría estar haciendo menos ventas y mercadotecnia por ti misma. A lo mejor quisieras algunos socios para que compartan la parte financiera de tu negocio y te ayuden a financiar tu crecimiento. Este es el momento de pensar en grande, de imaginar a dónde te gustaría que tu negocio llegue algún día. No te limites siendo demasiado realista. Tus metas de crecimiento pueden incluir los mercados a los que quieres ingresar, maneras de volver más diverso tu negocio y el espacio de oficinas que esperas que sea tuyo.

Por ejemplo, si horneas bollos, quizá ahora los estés vendiendo a tres cafeterías por semana, horneándolos todos tú misma en la cocina de tu casa. Tus metas podrían incluir la renta de espacio en una cocina industrial, contratar a uno o dos pasteleros para que saquen esos bollos, venderlos en tu propia tienda temporal los fines de semana y llevarlos a una cadena de supermercados en cinco años. Son metas elevadas, pero no hay razón para que no las logres. Tienes que comenzar estableciendo las metas y luego dividiéndolas en los pasos que necesitas seguir para llegar allí. Puedes dividir tu plan en incrementos de un año, con una meta a cinco años, poniéndote metas más pequeñas e inmediatas que te ayuden a llegar a ese punto.

Empieza presupuestando ese crecimiento. Averigua cuánta renta pagarás en una cocina industrial e investiga cuántas horas necesitarás usarla. Calcula los costos de los ingredientes. Piensa en el salario que pagarás a tus pasteleros. Considera lo que podrías pagarle a alguien para dedicarse a las ventas y mercadotecnia, si estás demasiado ocupada para hacerlo tú misma. Decide qué funciones planeas seguir asumiendo tú. Esa es la base de un plan de negocios. Los planes de negocios son importantes para mostrarles a los inversionistas y clientes potenciales que sabes lo que estás haciendo y que estás preparada para lo que viene, además de que son útiles para mantenerte en el camino correcto, aunque todavía no se lo muestres a nadie. Consulta el plan de negocios de muestra que se incluye en el apéndice para ver por dónde puedes comenzar. Documentarás tu éxito hasta la fecha, tus costos y ganancias, y usarás esos datos para estimar cómo se verá tu negocio en el futuro. Los inversionistas querrán verlo antes de entregarte su dinero. Este tipo de plan te permitirá financiar tu crecimiento y alcanzar tus metas a cinco años.

El crecimiento también puede ahorrarte dinero: el crecimiento es clave. Si puedes aprovechar (o promediar un gasto a lo largo de todo lo que financia) el costo de, digamos, una guillotina para papel que cuesta 20 dólares entre 10 paquetes de papel tamaño carta con impresión tipográfica, entonces esa guillotina te cuesta 2 dólares por cada paquete en costos iniciales de corte de papel. Sin embargo, si puedes vender 100 paquetes de papel cortado con la misma guillotina, sólo te cuesta unos cuantos centavos por paquete. A veces crecer más reduce tus costos, porque muchos gastos son fijos sin importar cuán grande o pequeña sea tu empresa. En otros casos —como cuando manejas un restaurante y necesitas contratar más empleados a medida que se expande— mientras más creces, más empleados necesitarás y mayores serán tus costos de mano de obra.

Cuando Debbie Fung inició Yoga Tree descubrió que ciertos gastos se reducían a medida que abría más escuelas.

Debbie

Nuestros costos se dividen entre cinco estudios, en lugar de recaer en uno solo. Tenemos un planificador externo que localiza los sitios, un servicio de bienes raíces que localiza las nuevas propiedades que aparecen y trabajamos con los gerentes regionales en los estudios para ver de dónde viene la gente. En 2008 elegimos un segundo espacio. Dirigimos nuestras clases a un mayor rango de estudiantes, porque rápidamente nos dimos cuenta de que teníamos que hacer crecer la empresa. No podíamos ser eficientes y sólo manejar un estudio boutique. Era la misma cantidad de recursos y costos de empleados. Para alcanzar la sinergia empresarial y la eficiencia, debíamos tener un modelo de implementación de dos o tres estudios adicionales.

No entres en pánico si no lo logras en el primer día

Alcanzar nuestras metas puede tomar más tiempo de lo que quisiéramos, en especial porque cuando logramos una, seguimos poniéndonos límites más altos. A veces tu camino te llevará a un sitio donde trabajarás para alguien más con la finalidad de construir tu sueño. Simplemente mantente enfocada en tu meta y convierte toda interacción en una oportunidad para aprender y crecer.

Todo el mundo recibe un *no*. Eso es sólo una parte de darte a conocer y tener metas elevadas. Habrá obstáculos, pero recuerda que el hecho de que alguien te rechace sólo significa que una persona no entendió del todo el potencial de tu idea o que el momento no fue el oportuno o que esa persona estaba de mal humor. Puede haber millones de razones y nunca sabrás cuáles son. Simplemente llévate cualquier información que puedas obtener de la experiencia y sigue adelante. No permitas que un *no* te impida hacer lo que pretendes.

Inspírate en estas Jefas cuando te digan que no.

Chental-song Bembry
[The Honey Bunch Kids]

Mucha gente me ha dicho que no. Todavía en la actualidad hay ocasiones en que pienso detenerme, pero una voz dentro de mí me dice *sigue adelante.*

Creo que tener obstáculos hace que el viaje sea más interesante. En The Honey Bunch Kids siempre hay obstáculos. La meta de las niñas es sobrevivir a la secundaria y seguir siendo amigas. Hay un personaje que se encela de otro. Las cosas que les suceden a esas niñas son cosas que les pasan a las niñas reales en la vida real, porque quiero que lo vean y digan «Yo pasé por lo mismo».

Priscilla Guo [NYC Techy]

Cuando trabajas con las grandes fuerzas institucionales y con otros impedimentos, es posible que empieces a descubrir cómo sortearlos creando cambios. Empieza en pequeño, pon a prueba tus suposiciones y adapta tus ideas.

Cree en ti misma. Todos tenemos la capacidad de ser creadores de un cambio.

Neeka Mashouf [Cal Sol]

A lo largo de mi experiencia, siempre mantuve la mentalidad subyacente de *Yo puedo hacerlo.* Toda la tecnología en la que he trabajado ha sido nueva y arriesgada, y con frecuencia me he enfrentado al escepticismo, pero aprendí que realmente cualquiera puede dirigir su propia iniciativa creativa para mejorar el mundo. Si sientes una verdadera pasión por un problema o idea, no hay nada que te detenga. ¿Por qué no habrías de ser la que resolvió el problema? Sólo necesitas tener el valor de dar el primer paso.

Naama Raz-Yaseef
[laboratorio nacional Lawrence Berkeley]

Uno de los retos con los que te enfrentas es lidiar con el no. Todo el tiempo me dicen que no, o «no serás capaz de hacerlo». Incluso los días en que nadie dona son un no. Otros emprendedores me dicen que me enfoque en el sí, y al final, funciona.

Chelsea Siler
[Canadian Broadcasting Company]

Después de trabajar como voluntaria en un programa de televisión durante un año, mi supervisor trató de conseguirme un puesto de medio tiempo en el programa, pero no obtuve el trabajo. Él sabía que yo tenía la ética de trabajo, que siempre me presentaba a las cinco de la mañana cuando decía que lo haría, así que me dijo: «Hay una compañía que hace producción y que se llama Pyramid Productions. ¿Por qué no solicitas empleo con ellos?». Me hicieron una entrevista y pensé que me había ido bien. Pensé que había encajado, pero luego no volví a oír de ellos durante seis meses. En esa época estaba trabajando en un centro comercial, además de seguir como voluntaria en el programa. Realmente me cuestioné mucho. Y luego, de la nada me llamaron de Pyramid y dijeron que tenían una plaza. Mi currículum había estado archivado en sus oficinas y yo me aseguré de darle seguimiento con un correo electrónico cada tres meses más o menos, diciéndoles que seguía interesada.

Admite que necesitas ayuda

No es ningún defecto admitir que no puedes hacerlo todo tú sola. Es señal de crecimiento cuando necesitas contratar gente. Puede ser difícil ceder el control. A fin de cuentas, en los primeros días de un negocio tú lo haces todo. Controlas la imagen de la marca, haces la mercadotecnia, sales a vender y, más importante aún, creas el producto. Cuando estás más ocupada y tu negocio se vuelve robusto, el día simplemente no tiene suficientes horas.

Mira con atención todas las funciones que realizas, todas las partes de la empresa en las que trabajas a diario. Haz una lista. Quizá algunas impliquen pensar y crear. Algunas tal vez impliquen producir sin parar los collares de plata martillada o los litros de sopa casera. Algunos pueden suponer que diariamente te sientas en una computadora a escribir las entradas de tu blog u otras formas de divulgación en redes sociales. Tú lidias con los gastos. Administras tu dinero y presupuestas para los costos futuros. Empieza priorizando estos trabajos según el orden de tus habilidades. Nadie es fantástico en todo y tú eres mejor en algunas partes de tu negocio que en otras. Probablemente también ciertas partes te gusten más que otras. Es posible que te encante estampar camisetas a mano, pero que odies el aspecto de difundir la existencia de tu negocio en redes sociales. O tal vez te guste hacer el diseño de las camisetas, pero que sudar la gota gorda con pilas de colorantes no sea tu parte favorita.

LECCIONES APRENDIDAS SOBRE CRECER MÁS ALLÁ DE LA EMPLEADA #1

▶ Algunos días no son fáciles. Y ahora tienes testigos.

▶ La gente no siempre entiende a qué te refieres.

▶ A veces tienes que decir las cosas más de una vez. O incluso más de dos veces.

> A veces parece que la gente que se supone debe ayudarte en realidad te dificulta las cosas.

> La gente comete errores y generalmente esas cosas se pueden arreglar.

> Trata a tus empleados como te gustaría que te trataran a ti.

> Dirigir a las personas requiere tiempo y esfuerzo; recuerda que es un trabajo en sí, ¡y que también puede ser difícil! Asimismo, puede revelar tus fortalezas y debilidades como gerente.

> Contar con empleados que hacen un buen trabajo te hace sentir como si te hubieran quitado la carga que llevas sobre los hombros.

> Tener más bocas que alimentar —o personas a las cuales tienes que pagarles— puede ser estresante. Anticípalo.

> El crecimiento es bueno, aunque sea doloroso.

> Mañana será otro día.

Decide qué partes del negocio no soltarás de ninguna manera y en cuáles no te importaría que te ayuden. Luego incluye en tus precios el costo de encontrar ayuda con esas tareas. Decide cuánto puedes solventar, evaluando cuánto tiempo requiere un trabajo específico y cuánto de tu tiempo puedes liberar para algo mejor a través de delegar. Si puedes crear 16 nuevos diseños de camisetas por semana y tu investigación muestra que existe una demanda de más diseños, es posible que quieras pasar más tiempo diseñando. Si puedes pagarle a alguien por hora para hacer tu mercadotecnia en redes sociales y eso se traduce en vender más camisetas, es una buena inversión. Piensa en la contratación de personal como una compensación a cambio del crecimiento. Mientras más puedas crecer contratando gente, más podrás crecer, y contratar a más personas.

No contrates a cualquiera

Decidir que necesitas contratar personas es sólo el primer paso; decidir a quién contratar es un reto en sí mismo. Podría parecerte tentador contratar al primero que esté dispuesto a hacer el trabajo, pero tómate un instante y recuerda que se supone que la gente que contrates debe facilitarte la vida. Si dices que sí a alguien simplemente por desesperación, puedes terminar teniendo lo peor de ambos mundos: un empleado al que tendrás que pagarle (e incluso despedir), además de la misma cantidad de trabajo que tenías antes (o más, si tienes que trabajar el doble para corregir los errores).

¡PELIGRO!

SEÑALES DE QUE ESTÁS CRECIENDO FUERA DE CONTROL

▶ **¿Tu ego es más grande que tu negocio?**
Si estás tomando malas decisiones comerciales sólo porque quieres ser la que decida todo, ¡piénsalo dos veces!

▶ **¿Estás tomando decisiones comerciales** con base en lo que otras personas te dicen que debes hacer? El consejo de los demás puede ser estupendo, pero no permitas que te apabullen.

▶ **¿Estás traicionando tus principios?** ¿Descubres que has estado aceptando hacer cosas que no son correctas para tu negocio porque alguien está poniéndote el dinero en frente como señuelo?

> ► **¿Te refieres a la gente** como el empleado número 13 o «el lavaplatos», en lugar de por su nombre?
>
> ► **¿Duermes en el trabajo, trabajas** en sueños y... bueno, olvídalo, porque simplemente no estás durmiendo en absoluto?
>
> ► **¿Has dicho las palabras** «Esto ya no es divertido» más de un par de veces?

En lo que se refiere a tus amigos, contratarlos podría parecer la cosa más obvia y si la amiga que quieres contratar tiene las habilidades que buscas y antes han pasado juntas por situaciones intensas, estupendo. Sin embargo, sé honesta. Si adoras a tu amiga por sus conocimientos sobre moda, sus consejos a media noche y su capacidad intelectual cuando estudian para exámenes finales, asegúrate de detenerte un momento a pensar en tu amiga como lo harías con cualquiera que fuera a una entrevista para un puesto. Si necesitas a alguien que corte y pegue fotografías en tarjetas de felicitación y que te ayude a producir grandes pedidos de papelería, pero sabes que tu amiga no presta mucha atención a los detalles y odia los proyectos que implican manualidades, ¿es ella realmente el mejor prospecto? Pregúntate cómo te sentirías en relación con ella como empleada y amiga si te fallara en el trabajo. ¿Vale la pena arriesgar la amistad? ¿Y vale la pena el potencial de dañar tu negocio cuando simplemente podrías publicar un anuncio en una escuela local o en línea solicitando el tipo exacto de empleada que necesitas?

Por cierto, está bien rechazar a alguien si no se ajusta a tus necesidades. No sientas que estás siendo mala. Te sentirás mucho peor cuando tengas que despedir a esa persona por no estar a la altura de la tarea. Sólo recuerda ser amable y gentil cuando lo hagas.

Trabajar con amigos y familiares

Algunas personas estarán más que dispuestas a lanzar un muy rotundo «¡No lo hagas!». Los amigos y los negocios no combinan, igual que la familia y el dinero. Mantenlos separados o te arriesgas a perder ambos. Sin embargo, trabajar con amigos o familiares no siempre es una receta para el desastre. Por el contrario, piensa en quién está realmente de tu parte: a menudo es la gente más cercana a ti. Muchas de nuestras Jefas han contratado amigos y familiares, en especial cuando aún están en la escuela.

Las mejores amigas Alex Douwes y Nellie Morris no sólo decidieron trabajar juntas cuando formaron Purpose Generation, sino que también contrataron a Logan, la hermana de Nellie. Esa terminó siendo la solución perfecta.

Alex y Nellie

Es frecuente que la gente te aconseje que *no* empieces una compañía con tu mejor amiga. Decidimos hacerlo de todos modos y no podríamos imaginarlo de ninguna otra manera. Podemos leernos la mente y a lo largo de los años hemos desarrollado conjuntos complementarios de habilidades. Podemos entrar a una junta sabiendo quién responderá a qué pregunta y quién se apropiará de determinada parte de la conversación.

También nos han criticado por traer a un miembro de la familia como nuestra primera empleada. Pensamos mucho en esa decisión. Como es lógico, queríamos mantener fuera de la empresa a familiares y amigos, pero el factor más importante cuando expandimos nuestro equipo de dos, fue la confianza. En realidad no hay nadie en quien confiemos más que en Logan, la hermana de Nellie. Ella tuvo que tolerar varias situaciones difíciles por ser nuestro conejillo de indias. Sin embargo, por la profunda confianza y respeto que existe entre nosotras, siempre ha resuelto los asuntos de forma directa, lo cual nos ayudó a crecer tremendamente como líderes y gerentes.

También hemos cometido muchos errores en lo que se refiere a contratación. Es probable que sea una de las cosas más importantes en las que hay que invertir y que hay que hacer bien, en especial en un equipo tan pequeño. Aprendimos que es imposible preparar a alguien para los peligros y privilegios de trabajar en un equipo así de pequeño, así que instituimos un periodo de prueba de dos meses con todos los empleados, de modo que podamos asegurarnos de que el trabajo sea adecuado para ambas partes.

Deepika Bodapati terminó creando su negocio, Athelas, con Tanay Tandon, un compañero que asistía con frecuencia al circuito de ferias de ciencias.

Deepika

Desde la secundaria hasta la preparatoria, una gran oportunidad eran las ferias de ciencias. Una de las más competitivas era la de Silicon Valley. Presenté mis trabajos allí de la secundaria en adelante. A medida que avanzas del 9º al 12º grado hay cada vez menos personas, y menos mujeres. En lo que se refiere a los chicos que permanecían, si eres bueno viajas por el circuito y se forma una camaradería con la gente con la que lo recorres. Tanay y yo nos hicimos amigos durante el proceso.

Siempre quisimos hacer algo juntos. Cuando llegamos a la preparatoria, Tanay estaba trabajando en el Stanford Artificial Intelligence Lab (Laboratorio de Inteligencia Artificial de

Stanford). Yo avancé al campo de imagenología y trabajé con el Stanford's Multimodality Molecular Imaging Lab (Laboratorio de Imágenes Moleculares Multimodales de Stanford). Publiqué algunos artículos sobre marcadores de cáncer, imágenes de receptores del dolor a nivel molecular. Recibí educación muy detallada en esa área, de modo que a medida que avanzábamos hacia la universidad y Tanay se acercaba a mí para resolver problemas, empecé a colaborar con él. Tanay me dijo: «Tú sabes más acerca de esta parte y yo sé más acerca de esa otra parte del problema. ¿Por qué no trabajamos juntos?». Fue una reunión que se desarrolló de manera muy orgánica. Cuando empezó la universidad, arrancamos a toda marcha.

Sé una buena jefa

Para este momento sabes que cuando hablamos de tus empleados, te estamos incluyendo a ti. Tú, como la empleada #1, eres la que impone las pautas para todos los demás con quienes trabajas o que trabajan para ti. Tu manera de comportarte y la forma en que tratas a los demás les permite conocerte a ti y a tu negocio. Si eres una capataz implacable que nunca permite un descanso para el café o una sonrisa a mitad del día de trabajo, es posible que logres la productividad de inicio gracias al chasquido de tu látigo pero, con el tiempo, descubrirás que la gente deja de responder a tu naturaleza autocrática.

Empieza tratándote bien a ti misma, y eso significa no ser tan dura. Deja de lado la autocrítica severa. Date un momento para respirar y explorar el negocio a distancia, y para evaluar en dónde te encuentras y a dónde quieres llegar. Puedes ser muy trabajadora y resuelta sin irte a los extremos. Es el ejemplo que deberías dar a cualquiera que tenga tratos contigo y a cualquiera que trabaje para ti. No sólo eres tu propia jefa, sino que también eres tu propio modelo a seguir. Sé el tipo de Jefa que admiras. Eso te permitirá ser una mejor jefa para los demás.

El equipo de robótica de las Fe Maidens (Damas de Hierro) tiene algunos buenos consejos para bajarle a la autocrítica.

Charlotte, capitana del equipo

Cuando no sientas mucha confianza, a veces es bueno mirar atrás y reconocer todo lo que ya has hecho, y luego mirar al frente y ver lo que te falta por hacer. Cuando te sientas insegura y ansiosa, lo mejor quizá sea sentarte y ponerte a trabajar; lograr terminar algo puede ser la mejor forma de elevar tu confianza. Y, por supuesto, tus amigas siempre pueden ayudarte.

Trabaja en tus debilidades y aprovecha tus fortalezas

Aprender cómo manejar al personal no es fácil. Ser una jefa no es lo mismo que ser una buena jefa. Algunas parecieran haber nacido con una idea innata de cómo asumir el control de un grupo, mientras que para otras es muy difícil. Algunas tienen facilidad para hablar frente a un grupo; otras sienten que se les cierra la garganta cuando su voz es la única que suena en la habitación. *Aprovecha* tus fortalezas y *trabaja* en tus debilidades. Eso significa que deberías hacer aquello en lo que sabes que eres buena, pero también trata de mejorar las cosas que son un reto para ti.

Otra cosa importante de la que debes darte cuenta es que no puedes hacer nada en el vacío. Del mismo modo en que tu empresa emergente es una extensión de ti misma —es tu idea, tu creatividad, tu marca— también es una extensión de cómo te enfrentas al mundo. El modo en que haces una cosa es el modo en que haces todo. Así que si sabes que te pones en modo bestia cuando te colocas los esquís, permite que eso se traduzca en la forma en la que abordas tu presentación de ventas. Si eres una campeona del debate, serás quien mejor se exprese en la habitación durante tu presentación. Permite que las áreas en las que has tenido grandes logros en tu vida alimenten las áreas en donde apenas empiezas.

Chelsea Siler trasladó a su trabajo las fortalezas adquiridas como ultramaratonista.

Chelsea

Entré en las carreras de montaña cuando estaba por cumplir treinta años. Establecí la meta realmente ambiciosa de correr la Canadian Death Race antes de cumplir esa edad. Ese año, entré en la ultramaratón. Aprendí sobre la confianza, la perseverancia y a no dejar que nadie me dijera lo que puedo o no puedo hacer. Seguí en esa actividad y corrí dos carreras de 160 kilómetros incluyendo la prestigiosa Western States 100.

Siempre digo que soy ultramaratonista. Lo que hago en mi tiempo libre tiene mucha relación con mi trabajo.

Encuentra qué es lo que te apasiona. Tu trabajo no tiene que ser tu pasión. Yo trabajo en radiodifusión y mercadotecnia. Es un servicio digital de vanguardia y estaría conectada todo el tiempo a internet si no me obligara a mí misma a salirme. Sin embargo, puedo ir a otro lado, guardar mi teléfono y correr. Cuando corres más de 30 horas hasta que te da la noche, el montón de papeles y fechas de entrega no parecen tan importantes.

En Vancouver, todo mundo es triatleta y todos son corredores. A veces me siento intimidada junto a ellos y pienso: *«Sólo lo hago en mi tiempo libre»*. Tengo que recordarme que corrí 160 km, que subí corriendo esa montaña. Cada vez que corro una carrera, siento más confianza en mí misma. He dejado de preocuparme por lo que piensan los demás.

Recuerda que no estás sola

Deja que la gente te ayude. Suena obvio y fácil, pero cuando inicias algo y es tu bebé, es difícil dejar que otros te lo quiten de las manos, aunque sea en parte. ¿Qué tal si lo hacen mal? ¿Qué pasa si asumen el control del negocio en el que has pasado incontables horas para que salga bien y lo llevan en una dirección que no te gusta? Aquí es donde tienes que respirar. Aquí es donde practicas el arte de la paciencia y te recuerdas que empezar y manejar un negocio es un proceso. No creaste tu empresa de la noche a la mañana, de modo que el proceso de capacitar a las personas para que te ayuden tampoco será instantáneo. Sólo significa que deberías ser realista en cuanto a tus expectativas y no ser tan exigente con ellos, y tampoco contigo misma.

Cosechas lo que siembras

Necesitas darte tiempo para hacer las cosas bien. Invierte el tiempo necesario para capacitar a la gente para que haga las cosas a tu modo. Quizá sientas que estás perdiendo un tiempo valioso enseñando cuando podrías ocuparlo haciendo algo, pero recuerda el viejo proverbio: Si le das a alguien un pescado, comerá una vez; si le enseñas a pescar, comerá por siempre. Enséñale a la gente que trabaja contigo cómo quieres que hagan las cosas y podrán tomar las riendas a partir de allí. Elige a tus empleados con cuidado, pasa un tiempo con ellos y luego da un paso atrás y deja que las cosas sigan su curso. Regresa y corrige si es necesario. Descubrirás que si elegiste a las personas que entienden tu misión, podrás capacitarlas en poco tiempo. Es probable que te sorprendan y que aporten nuevas ideas que nunca se te ocurrieron. Recibe esas ideas con agrado y pronto tendrás un equipo imparable.

Sé buena con tus empleados

Una jefa feliz puede dirigir una empresa emergente feliz. Necesitas tomar la buena voluntad que obtuviste al ser buena contigo misma y aplicarla a toda la gente que trabaja para ti. Recuerda que te están ayudando a impulsar tu idea y tu creación. Aunque reciban un pago, invierten su tiempo ayudándote. Piensa en las cosas que casi no te cuestan y que pueden hacer que tus empleados se sientan bien en su trabajo. Tal vez puedas invitar el almuerzo o comprar bocadillos para tus empleados de vez en cuando. Convierte el espacio de trabajo en un sitio divertido y positivo donde pasar el tiempo. A veces, dejar que alguien trabaje desde casa no te costará nada y puede conseguirte una mayor productividad. Alguien que aprecia la libertad de trabajar a veces desde casa te retribuirá la amabilidad haciendo un estupendo trabajo, y permaneciendo leal por más tiempo a tu compañía.

OCHO ERRORES

QUE COMETEN LOS NUEVOS GERENTES

1. Tratar de complacer a todo el mundo.
2. Olvidarse de pedir ayuda.
3. Llamar a junta cuando trabajar de manera independiente permitirá lograr más.
4. Supervisar con lupa a todos los empleados.
5. Sentirse obligados a contratar gente que saben que no es la adecuada.
6. Sentirse culpables por hacer críticas.
7. Trabajar las veinticuatro horas para arreglar todos los errores él mismo, en lugar de corregir a alguien más para ahorrar tiempo en el futuro.
8. Confundir las relaciones de trabajo con las relaciones personales.

Ser buena con tus empleados no se refiere sólo a darles beneficios. Considera el lugar de trabajo como un segundo hogar. A nadie le gusta vivir en una casa donde la gente se grita y el ambiente es tan denso que podría cortarse con un cuchillo. Tampoco nadie querría trabajar en un sitio así. Haz tu mejor esfuerzo por dejar fuera del trabajo tus problemas personales y que el único drama sea esperar para saber si se logró una gran venta. Parecería obvio, pero hay muchos jefes y empleados por allí que no saben cómo marcar los límites entre su vida personal y su vida laboral. Eso crea un ambiente incómodo para todos.

Crea una cultura que te represente

Sé consciente de la cultura que estás creando. Piensa en las compañías que admiras e intenta emularlas. ¿Tienen un servicio de vehículos compartidos, un refrigerador lleno u oradores educativos? ¿Qué tipos de políticas e ideas crearía un sitio en el que te gustaría trabajar?

¡AY! SEÑALES DE PÉRDIDA DE CONTACTO
CON LA NATURALEZA DE TU NEGOCIO

▶ No regresas las llamadas telefónicas, textos o correos electrónicos de amigos y familiares porque no son generadores potenciales de ingresos.

▶ Estás rediseñando tu marca y gastando dinero en nuevos logos porque perdiste una venta.

▶ No te importa el tipo de empresa que tengas, siempre y cuando sea rentable.

▶ Ocupas más tiempo en redes sociales hablando de tu negocio que pensando en el mismo.

▶ Tienes una idea y estás dispuesta a tirar todo tu esfuerzo a la basura con tal de alcanzarla.

▶ No recuerdas por qué empezaste tu compañía.

Si te gusta colaborar mientras todos están sentados en una mesa de conferencias a lo largo de seis horas y ordenan el almuerzo, estás creando un tipo diferente de cultura comparado con alguien a quien le gusta que todos trabajen desde casa. Si puedes pensar con más claridad mientras caminas, y eliges un espacio de trabajo con ventanas que se abren para que entre el aire fresco, estás creando una cultura diferente a la de una empresa donde todos se sientan en cubículos rodeados de paredes bajas y pueden ver y oír a quienes trabajan alrededor. Ninguno de estos modelos es bueno o malo en sí mismo. Tu cultura laboral necesita representarte a ti y al tipo de ambiente que logra que tú y la gente con la que trabajas sean más productivos y felices. **Piensa en cómo trabaja en conjunto tu equipo.** ¿Todos requieren paz y tranquilidad para pensar y escribir? ¿La gente requiere espacios comunitarios para colaborar? Trata de incorporar también este tipo de eficiencia en tu ambiente de trabajo.

Tu cultura como empresa es una combinación del espacio físico —ya sea tu cochera o un elegante *loft* rentado— y los aspectos menos tangibles, como la ética y el estilo de comunicación. Algunas jefas odian escuchar críticas de cualquier tipo. Quizá sienten que la crítica incide negativamente en lo que intentan crear o lo ven como una forma de deslealtad. Otras jefas establecen juntas regulares para exponer opiniones, buscando siempre afinar y adaptar las prácticas empresariales con base en las cosas que funcionan y no funcionan. Piensa en cómo te hace sentir la crítica. ¿Te provoca inseguridad? Es muy normal que así sea, de modo que tal vez no quieras escucharla en persona. Es posible que de vez en cuando desees enviar encuestas anónimas. Intenta no evadir las críticas constructivas. Es muy fácil que, cuando trabajas con un enfoque muy limitado en un emprendimiento, pierdas de vista la situación y olvides verla en contexto. Recurre a las personas confiables para que te den esa perspectiva y te ayuden a resolver los defectos.

«Necesitamos reconocer que no siempre tomaremos las decisiones correctas, que a veces meteremos la pata en grande; entender esas fallas no es lo opuesto al éxito, sino parte de él».

—ARIANNA HUFFINGTON, COFUNDADORA DE THE HUFFINGTON POST

Capítulo 14

Sólo una cosa más

Asumir grandes riesgos puede llevar a grandes recompensas, pero el riesgo también puede conducir al fracaso. Todo el mundo falla en ocasiones. Puede suceder de forma privada, como cuando no recibes aquel gran pedido que esperabas. O puede sentirse como un enorme desastre público, como cuando una revista de moda hace una reseña sobre tu línea de cosméticos con conciencia ecológica y la etiqueta como un fiasco. Sobrevivir esos reveses y aprender a prosperar luego de que suceden es un arte. Persevera. Aprende de todos los errores.

Si consideras al fracaso como una experiencia de aprendizaje y una oportunidad, nada será en realidad un fracaso. Considera a los contratiempos como pequeños baches en el camino, más que como precipicios insondables. Piénsalo de este modo: si intentas algo diez veces y luego te rindes, nunca podrás decir «Me tomó once veces, pero lo logré». Deja que el fracaso sea tu motivación para obtener un mejor resultado la próxima vez. Aprende de ello, piensa en ello y luego déjalo atrás. Es difícil, pero también lo es manejar un negocio y tú puedes hacerlo.

Si vas a fracasar, hazlo. Admite que te sucedió y averigua qué necesitas hacer de modo diferente la siguiente vez. Todas las grandes mentes han enfrentado el rechazo. Todos los grandes productos han tenido defectos —algunos pequeños y otros desastrosos— que tuvieron que solucionarse. En muchos casos, un error es simplemente un acertijo que se tiene que resolver. Piensa en los contratiempos como retos y pon a trabajar tu cerebro para enfrentarlos directamente o para encontrar una solución todavía mejor.

Nellie Morris y Alex Douwes
[Purpose Generation] hablan del fracaso

No temas al fracaso. Ambas asumimos el enfoque de que el fracaso es bueno. Si no funciona, simplemente te motiva a encontrar una manera diferente. Al principio nos topamos con muchas paredes y con gente que no creía en lo que estábamos haciendo. Por fortuna tenemos familias que nos apoyaron mucho. Nos enseñaron a «hacer tu mejor esfuerzo y nunca dejar de creer en ti misma». Es importante para nosotras que nuestros empleados sientan que pueden asumir riesgos.

De igual modo, no seas demasiado dura contigo misma y evita el síndrome de las comparaciones. Es fácil enfocarse en la gente que está en el candelero y que parece «tenerlo todo», pero la verdad es que probablemente no sea así. Mucho de ello es apariencia. Además, no tienes ningún control en absoluto sobre su éxito; lo único sobre lo que tienes control es sobre dónde y cómo eliges ocupar tu energía y tu tiempo. Siempre hemos sido muy prudentes y rara vez nos promovemos a nosotras mismas o a la empresa en un foro público. Creemos que el trabajo debe hablar por sí mismo. Dar excelentes resultados a nuestros clientes es lo que hace que todo valga la pena.

Debbie Fung [Yoga Tree]
habla del momento oportuno

Nunca existe el momento correcto. Nuestro lema es «Prepara, dispara y luego apunta». Dispara primero y perfecciona después.

No creo que debamos dejar pasar las oportunidades que tienen fecha de vencimiento. Debido a que nuestra industria tiene una naturaleza transitoria —estamos aquí para quedarnos, pero el yoga es una tendencia en desarrollo— no queremos perfeccionarnos hasta convertirnos en una fórmula, porque para ese momento tal vez ya hayamos dejado pasar una oportunidad.

Alyson Greenfield [Tinderbox Music Festival] habla del éxito

La gente cree que existe un momento o lugar en el que «alcanzas el éxito». Incluso Beyoncé trabaja hasta el cansancio. Madonna trabaja hasta el cansancio. The Loser's Lounge se ha estado presentando durante veinte años, y todos y cada uno de sus miembros son artistas muy dotados. Siempre estás tratando de alcanzar algo. Así que no existe un momento en el que simplemente te pones cómoda para que todos escuchen lo que tienes que decir. La gente sigue haciendo su trabajo y buscando algo en lo que pueda participar. Es un asunto interminable, aunque tengas éxito. Así también es la vida.

Ideas empresariales que evolucionaron a partir de errores. El fracaso es tu amigo

Notas Post-it — Spencer Silver estaba tratando de producir un pegamento fuerte y terminó con una sustancia ligeramente pegajosa que permite que el papel se adhiera y luego se desprenda con facilidad.

Galletas con chispas de chocolate Toll House — Ruth Wakefield, dueña de Toll House Inn, intentó sustituir el chocolate para repostería con trozos de chocolate. En lugar de conseguir galletas de chocolate, creó la icónica versión llena de chispas.

Scotchgard — Patsy Sherman intentaba crear un hule que no se desintegrara al exponerlo al combustible de avión y la sustancia le cayó en el zapato. Con el tiempo, ese punto seguía limpio, mientras que el resto del zapato se manchó.

Corn Flakes de Kellogg's — John y Will Kellogg estaban tratando de hervir grano, pero dejaron la olla en la estufa por varios días, lo cual llevó al cereal seco que se convirtió en las crujientes hojuelas de maíz que conocemos y amamos en la actualidad.

Tu crítica interna

La has oído muchas veces. Esa vocecita insidiosa que susurra a tu oído: *No eres lo bastante inteligente. No tienes lo que se necesita. Dijiste algo estúpido. Te pusiste en vergüenza. Claro, tuviste éxito, pero es porque has estado engañando a todos.*

Tu crítica interna puede hacerte la vida imposible.

Todos tenemos dudas. Sería raro y peligroso sentirse confiada todo el tiempo. Una cierta cantidad de duda es una prueba de realidad. Es una combinación de humildad y conocimiento de que nadie es fabuloso 100 por ciento del tiempo. No obstante, hasta allí es donde debe llegar la duda. La autocrítica interminable es un asunto totalmente diferente. Aunque digas cosas como «Soy una idiota» o «Todas mis ideas son malas» por modestia, sería bastante dañino que alguien más empiece a creer que es cierto. O si tú misma empiezas a creerlo.

Debbie Fung [Yoga Tree] habla sobre el temor

Necesitas encontrar el valor para actuar a pesar del temor, la duda y la preocupación. Lo que más nos detiene es vencer el miedo. Yo sigo lidiando con eso continuamente. Cada vez que quiero avanzar, hay una vocecita que analiza en exceso todos los detalles que podrían salir mal. Sigue siendo una constante lucha por callar esa vocecita. Tienes que permitirle que te dé una sensación de curiosidad, pero no que te domine.

Juliette Brindak Blake [Miss O and Friends] nos habla de la perspectiva

Si recibo un comentario de un padre que me dice «Realmente ayudaste a mi hija a atravesar ese momento horrible de su vida, gracias», pienso *Muy bien, esa es la razón por la que hago esto*. Vuelve a poner en perspectiva para mí la razón por la que empecé esto y el motivo para empezarlo y estar presente para las niñas de secundaria que atraviesan una época difícil.

Llénate de pensamientos positivos. Ya existe suficiente negatividad en el mundo para aporrearte regularmente y mantener controlado tu ego, así que no la busques o, peor aún, la crees tú sola. Rodéate de una red de modelos positivos y de tu propio grupo de amigos que eleven con regularidad tu autoestima.

Destierra a tu crítica interna. Reescribe el diálogo. Florece. Cambia algo en el mundo. Y lánzate a ganar, Jefa. Empieza hoy.

Buena suerte. Tú puedes.

«Las mujeres bien portadas rara vez hacen historia».

—LAUREL THATCHER ULRICH,
HISTORIADORA Y CATEDRÁTICA

Otras cosas

En esta sección incluimos algunos recursos que podrían resultarte útiles para tu negocio. Siéntete con la libertad de usar estos ejemplos de planes de negocios y estados de pérdidas y ganancias como muestras que te ayuden a tu planificación o para mostrarlos a clientes e inversionistas potenciales.

Carta de presentación

Una carta de presentación es una herramienta de promoción. Se puede utilizar cuando una amiga o colega te recomienda con alguien para conseguir un negocio potencial o información o cuando estás contactando a alguien sin conocerlo para averiguar si estaría interesado en reunirse contigo o saber más sobre lo que tú haces. Se puede enviar como un archivo adjunto en un correo electrónico o a través del anticuado correo terrestre o puedes incluirla en el cuerpo del correo electrónico.

Elementos de una carta de presentación

Fecha
(A menos que incluyas tu solicitud en el cuerpo del correo electrónico)

Estimado(a) _____:
Averigua el nombre. (No la envíes como «Estimado(a) señor o señora» ni «A quien corresponda. Investiga un poco. Averigua quién leerá tu carta. No la mandes sin un destinatario).

Soy _____ **y esto es lo que hago.**
(Preséntate en este punto. Aquí es donde describes quién eres, explicas quién te sugirió escribir al destinatario o cómo lo encontraste y explicas a qué se dedica tu negocio y cualquier éxito que hayas tenido hasta la fecha.)

Le escribo porque _____
_____
_____

(Ahora es momento de decir lo que quieres; ¿Cómo puede ayudarte esa persona? Sé específica en tu solicitud. ¿Necesitas consejo o algo en particular? ¿Quieres mostrarle tu producto?)

Esto es lo que puedo hacer por usted, o por el mundo.
(Vende tu idea. Tu concepto es fabuloso; explica lo maravilloso que es y cuál es tu meta para él).

Le haré una llamada de seguimiento el _____.
(Di cuándo te pondrás en contacto con la persona para discutir cómo pueden trabajar juntos).

Atentamente,
Jefa   **Teléfono**
Correo electrónico   **Sitio web**

Plan de negocios

Un plan de negocios permite que los inversionistas potenciales, socios o propietarios de un espacio que podrías rentar vean un resumen de quién eres y qué hace tu empresa. Incluye proyecciones financieras y de crecimiento e información relacionada con cualquier capital inicial que ya poseas. Cualquier plan de negocios incluye las siguientes secciones:

1. **Un resumen de quién eres:** La persona que crea y maneja el negocio. No olvides mencionar la razón por la que eres la persona particularmente apropiada para lanzar esa empresa. Habla de tus experiencias y de los éxitos que has tenido.

2. **Una descripción de tu compañía:** Qué fabrica, qué vende, qué servicio provee, y cómo sabes que existe la necesidad de eso.

3. **Un análisis de otras empresas en tu espacio:** Es decir, los negocios que hacen algo parecido y qué tan bien les está yendo. No sientas la necesidad de decir que todas las demás empresas que hacen lo que planeas hacer realizan un trabajo espantoso. A los inversionistas les gusta ver que estás trabajando en un área donde las empresas tienen éxito. Simplemente asegúrate de destacar qué distingue a tu negocio y lo vuelve potencialmente más exitoso.

4. **¿Quién manejará el negocio junto contigo?** ¿Tendrás empleados? ¿Gerentes? ¿Ayudantes pagados o sin goce de sueldo?

5. **Entra en detalles acerca de lo que podrías fabricar y vender:** Incluye datos específicos sobre tus ideas, incluyendo patentes que puedas haber solicitado y recibido. Discute los planes que tengas para mantener actualizado tu producto. ¿Durante cuánto tiempo es probable que siga siendo útil sin que necesite revisión?

6. **¿Cómo planeas publicitar, comercializar y encontrar compradores para tu producto?** No olvides mencionar a todos tus seguidores en Twitter o a tus amigos en las redes sociales. Son prueba de que tienes influencia sobre un gran grupo y tienes un mercado potencial para tu producto.

7. **El dinero:** Aquí es donde necesitas hablar de cuánto dinero necesitas para lograr que tu proyecto despegue y cuánto podrías necesitar después para sostenerlo. Llámales «primera ronda» y «segunda ronda» de financiamiento. No temas especificar lo que necesitas, pero asegúrate de poder justificar cómo usarás el dinero que obtengas.

8. **¿Cuánto tiempo piensas que será necesario antes de estar operando y obteniendo ganancias?** No te sientas presionada a decir que serás rentable de inmediato. Los inversionistas conocedores saben que toma un tiempo y son pacientes. Lo más importante que puedes hacer es proporcionar expectativas realistas y luego cumplirlas. Redacta un cronograma realista.

Ejemplos

Puedes encontrar muestras de planes de negocio en línea y valdrá la pena que investigues y leas varios de ellos antes de comenzar. Visita sba.gov, CanadaBusiness.ca o bplan.com (éstos son sólo unos cuantos de los muchos sitios que existen) para empezar. Los planes de negocio pueden abarcar amplios detalles y varias decenas de páginas de extensión, pero aquí te presentamos una muestra de la versión más sencilla.

Plan de negocios para Well, California

Resumen ejecutivo: Well, California es propiedad de Jefa Excepcional, quien aprendió sobre los productos sanos y orgánicos a través de un programa de verano en el Instituto de la Salud. Produce cremas corporales, jabones, geles para baño y protectores labiales fabricados con productos orgánicos que se obtienen de agricultores éticos en California. Los productos orgánicos para baño y cuidado corporal han crecido en popularidad y se venden en los principales comercios minoristas, al igual que en los mercados locales de productos saludables. Well, California tiene un sitio web (inserta la URL de tu sitio web) donde vende actualmente sus productos y este año empezará a comercializarlos en los mercados de productores.

Misión: Well, California fabrica y vende productos orgánicos para el cuidado corporal derivados de productos producidos por agricultores y proveedores de California, con la finalidad de fomentar las economías locales de California. El producto es suave y seguro para la mayoría de tipos de piel.

Propiedad de la compañía: La Jefa Excepcional es dueña de 100% de Well, California.

Resumen inicial: Los costos iniciales de Well, California abarcan los ingredientes utilizados para fabricar los productos para baño y cuidado personal, la renta de espacio en una cocina industrial, y las botellas y etiquetas para los productos terminados. Actualmente, Well, California cuenta con 5000 dólares obtenidos a través de una campaña en Kickstarter, los cuales cubrirán los costos de producción de 5000 botellas de crema corporal, el primer producto distintivo de la empresa, más 5000 unidades de sus demás productos.

Gastos iniciales
Diseño y mantenimiento del sitio web. . . . . 10 000 pesos
Ingredientes. . . . . 60 000 pesos
Botellas y etiquetas. . . . . 20 000 pesos
Asesoría contable/jurídica. . . . . 10 000 pesos
Primer mes de renta. . . . . 20 000 pesos

Productos
Protector labial a base de cítricos, jabón de frutos del bosque, jabón de cítricos, crema corporal de frutos del bosque, crema corporal de aguacate, crema corporal de cítricos, gel para baño a base de cítricos, gel para baño con frutos del bosque.

Análisis de mercado: Los productos orgánicos para baño y cuidado corporal experimentaron una tasa de crecimiento uniforme de 10% anual de 20xx a 20xx, aumentando a 20% entre 20xx-20xx. Los consumidores están cada vez más interesados en utilizar productos seguros y naturales para el cuidado de la piel, lo cual se asocia con un crecimiento en ventas de alimentos orgánicos en el mismo periodo.

La clave está en ofrecer productos naturales saludables con una característica única y distintiva. Well, California logra esta finalidad a través de:

- Obtener todos sus ingredientes de manera local dentro de California.
- Usar los sobrantes de producción en el cultivo de aguacate y cítricos.
- Asegurarse de contar con ingredientes de la mejor calidad.

Estrategia de mercadotecnia
a) Vender los productos en el sitio web.
b) Vender los productos en mercados de agricultores y ferias artesanales locales.
c) Vender los productos en locales minoristas establecidos.

Pronóstico de ventas
[Detallarás los datos específicos de estas ventas con tablas y gráficas].
a) **Primer año:** 10 000 pesos en ventas a través del sitio web, con base en las cifras actuales de ventas [incluye esas cifras].
b) **Segundo año:** 15 000 pesos en ventas a través del sitio web y mercados locales.
c) **Años 3-5:** 50 000 pesos en ventas por colocación en tiendas minoristas.

Administración: [Detallarás los gastos y salarios con gráficas.]
      La Jefa Excepcional se ocupará de la producción y empaque de los productos, diseño del sitio web y mercadotecnia en el primer año.
a) Well, California contratará representantes de ventas para los mercados locales en el segundo año.
b) Well, California contratará representantes de ventas y personal de producción en el tercer año.

Datos financieros: Estados de pérdidas y ganancias [consulta más adelante para ver la muestra] y todas las cifras financieras proyectadas.

Hoja de cálculo

Una hoja de cálculo es una tabla con columnas para diferentes datos, organizados de tal modo que se pueden ver en un solo sitio. Es probable que las hayas usado en la escuela, pero podría ser la primera vez que necesites una en la vida real. Excel es el clásico programa de hojas de cálculo y una vez que abres una nueva hoja, ves las columnas que puedes etiquetar y llenar con información. Incluso puedes utilizar ecuaciones para tomar los datos que coloques en tu hoja y calcular otra información a partir de ellos. Aunque muchas hojas de cálculo pueden ser muy sencillas, el principal beneficio es que puedes corregir y cambiar la información sin perder los datos.

Well, California: pronóstico mensual

Producto		Ene 20XX	Feb 20XX	Mar 20XX	Abr 20XX	May 20XX	Jun 20XX	Total
Protector labial de cítricos	Precio por unidad (pesos)	20	20	20	20	20	20	
	Unidades vendidas	50	52	55	57	60	70	344
	Ingresos (pesos)	1 000	1 040	1 100	1 140	1 200	1 400	6 880

Estado de ingresos y egresos

Mantienes dos categorías de información: el dinero que entra y el dinero que sale (ingresos y egresos). Anota cómo egreso todo lo que pagas: renta de oficina, materiales, cuotas de alojamiento web, pintura, computadoras, salarios; cualquier cosa que tu negocio pague.

Luego anota todo el dinero que entra: dinero proveniente de las ventas, préstamos para tu empresa emergente, dinero de becas, donativos; cualquier dinero que recibas.

Si las cosas van como las planeas, los ingresos y egresos deberían ser aproximadamente los mismos. Eso significa que no deberías gastar más de lo que ganas.

AQUÍ PRESENTAMOS CÓMO SE PODRÍA VER TU ESTADO:

El nombre de tu negocio va aquí
Estado de ingresos para enero-diciembre de 20XX

Ingresos y ganancias
Ingresos por concepto de ventas. . . . . 250 000 pesos
Ingresos por concepto de intereses. . . . . . 10 000 pesos

Total de ingresos y ganancias. . . . 260 000 pesos

Egresos y pérdidas
Gasto en renta. . . . . 20 000 pesos
Salarios a empleados. . . . . 50 000 pesos
Gasto en artículos de oficina. . . . . 10 000 pesos
Gastos iniciales en equipo. . . . . 50 000 pesos
Mercadotecnia y promoción. . . . . 10 000 pesos
Alimentos y entretenimiento. . . . . 10 000 pesos

Total de gastos y pérdidas. . . . . . . 150 000 pesos

INGRESOS NETOS. . . . . 110 000 pesos

En un verdadero estado de ingresos y egresos, lo deseable es que ingresos y egresos cuadren al final. Como propietaria y principal empleada, tu propio salario es un egreso. Así pues, cualquier dinero adicional que llegues a tener se te paga a ti, de modo que tu estado de ingresos y egresos puede quedar en cero al final. Si tus ganancias son mayores, tu salario podría subir junto con ellas.

Comunicado de prensa

Un comunicado de prensa es una declaración pública de noticias que quieres informar, enmarcadas de la forma en la que quieres que el mundo te conozca. Es básicamente la difusión de información con detalles de contacto para que los reporteros, blogueros o investigadores puedan comunicarse contigo para tener más detalles. Siempre redáctalo en una página y usa los elementos del ejemplo de comunicado de muestra que se presenta a continuación.

Contacto: ANN BROWN
www.boss.com

Para difusión inmediata Well, California evita el desperdicio al utilizar el excedente de la producción de aguacate de California en una nueva línea de productos.

Reducir el desperdicio y revitalizar la piel
La crema corporal de aguacate alivia las quemaduras provocadas por el sol, al mismo tiempo que evita que los excesos del fruto terminen en los tiraderos.

Well, California, una compañía local propiedad de una emprendedora, se dedica a cuidar al planeta. Después de hablar con los agricultores de California que han tenido una producción extraordinaria de aguacates este año, la empresa

fundada por Ann Brown se dio cuenta de que tenía una solución al problema del desperdicio potencial. Su compañía
utilizará el excedente de producción de ese cultivo en su línea
de crema corporal de aguacate, al mismo tiempo que cederá
una parte de sus ganancias de este año a las organizaciones
de beneficencia de California.

Apoyo a los agricultores locales
Well, California ha estado en operación desde hace tres años,
proporcionando productos orgánicos y naturales de baño y
cuidado corporal, derivados de productos cultivados por los
agricultores de California. «Estamos devolviendo beneficios a
los agricultores locales, al mismo tiempo que ofrecemos productos saludables para nuestros clientes», comenta la fundadora y directora ejecutiva, Ann Brown. La compañía tiene
una línea de jabones y geles para baño con aromas de frutos
del bosque, cítricos y aguacate, todos los cuales incorporan
los beneficios de los aceites que estos frutos contienen. También cuenta con una línea de protectores labiales y su línea
distintiva de cremas corporales: Essence by Well, California.

«Esta semana desperdiciaría 32 kilogramos de aguacates», comenta la agricultora Jane White. «Cuando Ann
Brown se comunicó conmigo y me preguntó sobre nuestros
excedentes, me di cuenta de que era una situación mutua-
mente benéfica. Seguiremos trabajando juntas durante muchos años por venir».

Diseño web

Por supuesto que existen muchas empresas que ofrecen servicios de diseño web. Sin embargo, cuando apenas inicias, es posible que prefirieras asumir un enfoque más de «hágalo usted mismo». Estas son algunas vías que puedes explorar:

Construcción de sitios web Godaddy:
godaddy.com/websites/website-builder

Diseñador web de Google:
google.com/webdesigner

Squarespace:
squarespace.com

Weebly:
weebly.com

Wix:
wix.com

Créditos de las fotografías:

Niharika Bedekar: Ashley Overbeek

Deepika Bodapati: Vijay Sarathy

Fe Maidens: Erica Hill

Alyson Greenfield: Chantilly Waryck

Naama Raz-Yaseef: Gayle Anonuevo

Chelsea Siler: Wendy D.